IN PRIMO PIANO

LE COSTE

Laminaria saccharina
Fucus vesiculosus
Acanthina lugubris
Uova di squalo contenenti gli embrioni
Conus ebraeus
Mastocarpus stellatus
Palmaria palmata
Saccostrea cucullata
Cormorano (Phalacrocorax carbo)

IN PRIMO PIANO

LE COSTE

Testo di
STEVE PARKER

ISTITUTO GEOGRAFICO DE AGOSTINI

Cono di pino

Uova di urie

Ceramium rubrum

Anemonia viridis

Penne di gabbiano

Progetto editoriale: Elizabeth Eyres
Art editor: Miranda Kennedy
Senior editor: Sophie Mitchell
Managing editor: Sue Unstead
Realizzazione grafica: Roger Priddy
Fotografie speciali: Dave King
Consulenza editoriale: Lo staff del Natural History Museum, London
Titolo originale: Seashore
Traduzione dall'inglese: Ettore Rigamonti
Redazione: Vittorio Giordano

Catalogo 27624

ISBN 88-402-0792-9

Stampato in Italia - Arnoldo Mondadori Editore, Verona - 1990

Patella vulgata

Pesce ago
Nerophis ophidion

Gambero marino

SOMMARIO

Il mondo delle coste marine

Due terzi del nostro pianeta sono ricoperti dall'acqua. Ogni frammento di terra, dall'enorme continente eurasiatico alle minuscole isole del Pacifico, possiede litorali. La lunghezza complessiva della linea di costa, assai difficile da calcolare con precisione, è enorme, mentre la sua larghezza, forse ancor meno facilmente quantificabile, ammonta spesso a soli pochi metri. I litorali sono ambienti del tutto particolari: rappresentano il *trait d'union* tra la terra e il mare. Il livello dell'acqua aumenta e diminuisce a seconda delle maree, lasciando il litorale ora sommerso ora perfettamente asciutto. I venti percorrono la superficie degli oceani senza incontrare alcun ostacolo, e sferzano la linea costiera con grande violenza, spingendo grandi spruzzi di acqua salata sin sulla terraferma retrostante. Non esistono due tratti di litorale perfettamente identici; ciascuno di essi è stato creato da forze naturali diverse ed assai mutevoli: le maree, i venti, le onde, le correnti marine, la temperatura, il clima in generale, la natura delle rocce che lo costituiscono. Lungo tutti i litorali i diversi microambienti, le diverse nicchie ecologiche sono stati colonizzati da animali e piante perfettamente adattati a questo tipo di vita, a prima vista 'strani' ai nostri occhi abituati ad osservare la terraferma. Questo libro esplora l'affascinante mondo delle coste marine ed illustra gli straordinari adattamenti dei suoi abitanti ad un ambiente in perenne, repentino mutamento.

Il modellamento del litorale

A CHI LA VITTORIA?
Il mare corrode progressivamente il litorale in numerose regioni costiere. Ma la terra tenta lentamente di riprendere il sopravvento, con uno sforzo ancora maggiore. Piante come lo sparto pungente (*Ammophila arenaria*) contribuiscono a ridurre l'erosione nelle zone con litorale sabbioso, trattenendo tra le radici i granelli di sabbia incoerente e dando origine a nicchie riparate nelle quali altre piante trovano le condizioni adatte per poter crescere.

Ogni giorno, per milioni di anni, ogni pochi secondi le onde hanno flagellato il litorale marino. Generate e dirette dal vento, quando il tempo è calmo le onde possono ridursi a lievi increspature della superficie dell'acqua, mentre un semplice venticello è sufficiente per trasformarle in impetuosi vortici schiumosi che si frangono sulla roccia o sulla sabbia. Quando poi si scatena la tempesta enormi frangenti percuotono il litorale con la violenza di colpi di maglio. Le onde erodono le coste in tre differenti maniere. La prima è rappresentata dall'azione meccanica esercitata direttamente dall'acqua che si schianta sulla scogliera cadendovi dall'alto. La seconda è rappresentata dalla pressione pneumatica che viene prodotta dall'urto dell'acqua contro la roccia: piccole quantità di aria rimangono intrappolate nelle più minuscole fenditure e subiscono pressioni paragonabili a quelle che fanno funzionare un fucile ad aria compressa. In questo modo le piccole fessure vengono lentamente allargate e vengono a crearsi piccoli tunnel lungo le linee di giunzione delle rocce, dalla base della scogliera sino alla sua sommità: dalle aperture superiori di questi condotti fuoriescono, portando il loro contributo alla corrosione della scogliera, gli spruzzi di acqua vaporizzata compressa dal frangersi delle onde. La terza maniera con la quale le onde demoliscono il litorale è rappresentata dall'abrasione provocata nei confronti di quest'ultimo dai frammenti rocciosi di ogni dimensione — dai ciottoli più grossi ai più minuscoli granelli di sabbia — trasportati avanti e indietro dall'alternante moto ondoso. Sottoposto a questo incessante martellamento, nessun tratto del litorale può rimanere a lungo immutato.

EVOLUZIONE VERSO LA SABBIA
Il mare gradualmente riduce i grandi massi rocciosi prima in blocchi più piccoli, poi in ciottoli, come questi, quindi in granelli di sabbia ed infine in minuscole particelle di fango.

FLUTTI DEMOLITORI
Le onde sviluppano un'energia tremenda cozzando contro la costa. I continui urti dell'acqua, intervallati di pochi secondi, possono esercitare pressioni di oltre 25 tonnellate per metro quadrato, trenta volte superiori a quella esercitata da un corpo umano in posizione eretta.

ATTENZIONE ALLA MAREA
Il tempo e la marea non attendono per nessuno, nemmeno per i patiti del picnic in riva al mare che abbiano dimenticato di controllare con attenzione il livello dell'acqua.

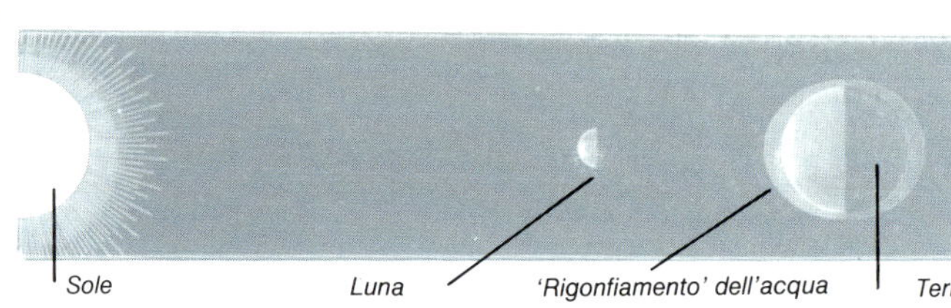

ATTRAZIONE DALLO SPAZIO
Ogni giorno il livello del mare, rispetto al litorale, prima aumenta e poi diminuisce. Questi movimenti dell'acqua prendono il nome di maree e sono determinati dalla Luna e, in misura minore, dal Sole che attraggono verso la loro massa le acque terrestri. Quando il Sole e la Luna si trovano allineati, come nel disegno qui sopra, attrazione e repulsione raggiungono l'apice, determinando i livelli massimi di alta e di bassa marea (pag. 12).

Quanto è dura una roccia?

Il tipo di roccia che costituisce il litorale rappresenta uno dei fattori principali nell'evoluzione della linea di costa. Rocce dure quali graniti, basalti ed alcune arenarie sono piuttosto resistenti all'erosione e danno spesso origine a litorali scoscesi e ad alte e massicce falesie, in grado di mettere a disposizione delle piante pioniere nicchie ecologiche adatte al loro sviluppo.

Granito di colore rosa per la presenza del minerale ortoclasio

STRUTTURA GROSSOLANA
Il granito è una roccia molto resistente di origine eruttiva, consolidatasi a grande profondità e raffreddatasi lentamente. I cristalli che lo compongono appaiono di dimensioni relativamente grandi.

Granito di colore bianco per la presenza del minerale plagioclasio

COLORAZIONE VARIABILE
A mano a mano che il granito viene alterato dall'azione del mare e delle intemperie, i suoi componenti meno resistenti si trasformano in sostanze di resistenza ancora inferiore (argille). Altri componenti, quali il quarzo e la mica, sono più resistenti: vengono separati dagli altri e possono entrare a far parte della sabbia silicea delle spiagge.

ISOLE VULCANICHE
Questa lava, proveniente dall'isola di Madera, situata al largo delle coste nordoccidentali del continente africano, è ricca di cavità prodotte da bolle di gas rimaste intrappolate durante il raffreddamento.

LITORALI DI LAVA
Numerosi litorali, come questi dell'isola di Hawaii, sono stati formati dalla lava proveniente da grandi eruzioni vulcaniche.

Colonne esagonali create dal raffreddamento del basalto

COLONNE NATURALI
Il basalto è un'altra roccia eruttiva assai resistente, di consolidamento però superficiale. Si presenta talvolta in impressionanti colonne geometriche, come in questa caverna, profonda 70 m, conosciuta come 'Fingal's Cave' e situata sulle coste occidentali della Scozia, oppure come negli enormi gradini di pietra del 'Giant's Causeway' in Irlanda.

Falesia di arenaria facente parte della terraferma

Faraglione di arenaria rimasto isolato per il crollo del ponte che lo congiungeva alla terraferma (pag. 10)

UN TEMPO ERA SPIAGGIA
I granelli di sabbia sono ben visibili in questo campione di arenaria. Probabilmente furono ricoperti da altro materiale, poi cementati assieme in profondità e quindi risollevati ad opera degli imponenti movimenti della crosta terrestre: ora fanno parte di una falesia costiera.

Rocce da antichi mari

Molte delle rocce meno resistenti alla corrosione, ad esempio il gesso ed il calcare, erano in origine sedimenti marini formati dalla deposizione sul fondo di antichi mari di minuscole particelle di calcite provenienti dalla decomposizione di piante ed animali morti per le più diverse cause. La pressione esercitata dall'accumulo dei sedimenti, con l'ausilio di particolari reazioni chimiche naturali, ha gradualmente trasformato in solida roccia gli strati più antichi del deposito. In questo tipo di rocce non è infrequente rinvenire, ormai fossilizzate, le spoglie di piante ed animali rimasti imprigionati, ancora indecomposte, nell'antico sedimento.

OPERA DELLE ONDE
Frangendosi contro le pareti rocciose dei promontori, le onde danno una efficace dimostrazione della loro inarrestabile capacità demolitrice. I promontori costituiti da rocce a struttura omogenea, ad esempio arenaria o calcare, possono venire completamente corrosi alla loro base: vengono così ad assumere l'aspetto di veri e propri archi protesi sul mare. La colonna di roccia dell'illustrazione, che prende il nome di faraglione, è quanto rimane di un antico promontorio, quasi completamente eroso dalla furia delle acque.

SCOGLIERA SCOMPARSA
I litorali costituiti da materiali incoerenti quali sabbia, argilla e ghiaia possono venire in breve tempo demoliti dalle onde, ed il materiale che li compone trasportato lontano dalle correnti. Per ridurre o comunque rallentare questi fenomeni, alcuni tratti di litorale sabbioso sono stati protetti dall'uomo mediante apposite barriere, chiamate frangiflutti, che si protendono nel mare per un breve tratto.

LA FINE DI UNA STRADA
Dove il materiale roccioso costiero è friabile e poco resistente, può capitare che il mare inghiotta intere costruzioni rivierasche, sconsideratamente costruite. La strada di questa fotografia conduceva originariamente ad alcune abitazioni, i cui ruderi si trovano ora in fondo al mare.

LENTA EVOLUZIONE
Questa stella serpentina fossile (pag. 40) viveva un tempo alla base di una scogliera. Nonostante sia vissuta circa 200 milioni di anni or sono, assomiglia moltissimo alle stelle serpentine oggi viventi.

PIETRE SCANALATE?
Le resistenti conchiglie danno origine ad ottimi fossili. Queste 'pietre' sono in realtà antichi brachiopodi, simili agli odierni bivalvi, come i *Cardium* sp. Sono piuttosto comuni in molte rocce sedimentarie, alla cui datazione forniscono un importante contributo.

'PALLOTTOLE' DI PIETRA
Queste due 'pallottole' di pietra rappresentano il contenuto fossilizzato di due conchiglie di belemniti, molluschi preistorici.

DECORAZIONE DI TENTACOLI
Questa 'decorazione' è in realtà un ammasso fossile di crinoidi o gigli di mare, vissuti circa 200 milioni di anni or sono. I Crinoidi sono animali imparentati con le stelle di mare.

BIANCHE SCOGLIERE
Il gesso è costituito da sali di calcio diversi da quelli che compongono il calcare. Di colore bianco, talvolta addirittura abbagliante, può dar origine a massicce scogliere. Su questa falesia si possono osservare, suddivise in strati, le varie deposizioni di materiali risalenti ad epoche diverse. Alla base della scogliera giacciono cumuli di materiale, precipitati dall'alto a causa dell'erosione delle onde, ai quali si sono aggiunte notevoli quantità di ciottoli trasportati dalle correnti.

Strati di gesso originati da materiale un tempo depositato sul fondo di un antico mare

ANTICA VITA MARINA
Il gesso è stato originato dalla deposizione di sostanze provenienti dalla decomposizione di minuscole piante ed animali. Può contenere anche reperti fossili di maggiori dimensioni, quali conchiglie di molluschi.

FANGO SOLIDIFICATO
Gli scisti sono rocce poco resistenti che si rompono facilmente lungo le linee di deposizione dei diversi strati di materiale; esposti all'azione del mare, vanno incontro ad una rapida erosione. I tipi di scisto che contengono residui decomposti di piante ed animali marini prendono il nome di scisti bituminosi. Sottoposti a riscaldamento, questi particolari scisti emettono una sorta di olio combustibile: in un futuro non lontano queste rocce potrebbero divenire una importante fonte di energia.

Conchiglie fossili inglobate nel calcare

UN TEMPO FONDO MARINO
Le rocce calcaree talvolta danno origine a scogliere incredibilmente frastagliate, a faraglioni e ad archi. Questo della fotografia è l'altopiano costiero (altezza circa 200 m) di Nullarbon Plain, nell'Australia Meridionale, anch'esso un tempo fondo marino. Il calcare è una tipica roccia sedimentaria, spesso assai ricca di fossili. I detriti precipitati dall'alto della scogliera possono rompersi rivelando i resti fossili di animali e piante preistorici.

Ciottoli calcarei levigati ed arrotondati dal continuo rotolamento sulla battigia determinato dall'andirivieni delle onde

Il profilo della costa

AUMENTA L'INFLUENZA DEL SALE
Il condizionamento esercitato dall'acqua salata aumenta progressivamente scendendo dalla cima della scogliera, occasionalmente raggiunta dagli spruzzi durante le mareggiate, attraverso gli strati inferiori regolarmente spruzzati e talvolta sommersi, sino alla zona sublitorale permanentemente sott'acqua. Ciascuna zona ospita differenti specie di piante ed animali.

Non esistono due tratti di costa perfettamente identici. Un naturalista competente può però, osservando per la prima volta un litorale sconosciuto, soprattutto se roccioso, individuare con una semplice occhiata a che altezza giungono le maree, qual è il loro livello minimo, se la scogliera è particolarmente esposta ai venti ed ai marosi, oppure se invece ne rimane riparata.

Il tratto tra la fine della terra e l'inizio del mare attraversa una serie di zone diverse, ciascuna caratterizzata dalla presenza di particolari specie animali e vegetali che necessitano di un periodo di sommersione diverso e ben definito. La zona posta più in alto viene definita zona di spruzzo, o sopralitorale, ed è situata al di sopra del livello massimo raggiungibile dall'acqua durante le maree più imponenti; viene interessata dagli spruzzi solamente durante le mareggiate. Qui vivono piante ed animali adattati a condizioni di elevata salinità, tra questi i licheni — composti da funghi ed alghe viventi in simbiosi — e poche vagabonde lumache di mare (pag. 26). Il limite inferiore della zona di spruzzo è generalmente caratterizzato dalla presenza di balanidi, le prime creature veramente marine del nostro viaggio. La zona successiva, detta 'tra le maree' o mesolitorale, viene regolarmente ricoperta e scoperta dall'acqua durante le maree. Nella sua parte superiore è caratteristica la presenza di balanidi, cui segue quella delle alghe brune del gen. *Fucus* (pagg. 20-21), livello al quale si ferma la bassa marea; a queste succedono quindi le alghe del gen. *Laminaria* (pagg. 22-25). La terza zona viene definita zona infralitorale o sublitorale, e dalla fascia delle laminarie si spinge in profondità.

TRATTENERE LA SABBIA
I fusti striscianti e le robuste radici della *Honkenya peploides* contribuiscono a stabilizzare l'incoerente substrato di sabbia e ciottoli.

Segno del livello massimo dell'acqua durante l'alta marea sizigiale

LA PIÙ 'ALTA' ALTA MAREA
Ogni due settimane la Luna ed il Sole si presentano allineati con la Terra. In questa posizione esercitano con la massima intensità il loro effetto di attrazione nei confronti delle acque terrestri (pag. 8). Si vengono così a verificare le più alte alte maree e le più basse basse maree. Queste particolari maree prendono il nome di 'maree sizigiali'.

Segno del livello massimo dell'acqua durante l'alta marea normale

LA 'NORMALE' ALTA MAREA
La zona del sublitorale è localizzata appena al di sotto del livello raggiunto dalla bassa marea normale, dove termina la fascia inferiore del mesolitorale. I livelli raggiunti dall'alta e dalla bassa marea salgono progressivamente lungo il litorale per la durata di una settimana, sino a raggiungere i livelli detti sizigiali; quindi iniziano a scendere, e anche la progressiva discesa dura una settimana. Nelle zone più alte del mesolitorale gli animali e le piante rimangono generalmente sommersi dall'acqua per una o due ore durante ogni ciclo di marea; durante le alte maree sizigiali questo periodo ovviamente risulta allungato.

INCROSTAZIONI DI CIRRIPEDI
I balani, dagli arti trasformati in cirri e provvisti di setole, si installano su qualsiasi superficie sufficientemente stabile, comprese le chiglie delle navi. Le incrostazioni di questi cirripedi rappresentano un vero problema per la navigazione, facendo rallentare la velocità delle imbarcazioni. Per risolvere questo problema sono state elaborate particolari vernici contenenti sostanze chimiche.

Un cirripede del gen. *Balanus* allarga i suoi arti provvisti di cirri piumosi che determinano una corrente alimentare che convoglia le particelle nutritive verso la bocca, posta all'interno delle piastre calcaree di protezione

COMBATTIMENTI AL RALLENTATORE
Le patelle sono presenti in tutta la zona del mesolitorale. Alcune specie difendono un proprio territorio, per proteggere le proprie fonti alimentari rappresentate da un verde pascolo di alghe (pag. 18). Qui una patella di colore chiaro sconfina in un territorio vicino; il legittimo occupante vi si trascina contro ed incunea la sua conchiglia sotto l'invasore, che si trova così costretto a strisciarsene via sconfitto.

La zona del mesolitorale e quella del sublitorale sono descritte nelle pagine successive

RADICI ANTIEROSIONE
Ben al di sopra del limite dove giunge l'alta marea sizigiale le radici aggrovigliate di molte piante erbacee avviluppano il suolo contribuendo a prevenire l'erosione.

LUCIDI FRUTTI SUCCOSI
I sarmenti spinosi del comunissimo ed adattabile rovo strisciano nelle zone più elevate del litorale e si ricoprono nella stagione estiva di succose more, assai appetite da numerosi animaletti selvatici.

MACCHIE GIALLE SUL LITORALE
Il papavero cornuto (*Glaucium flavum*) adorna ciottoleti, arenili sabbiosi e scogliere con i suoi bellissimi fiori di colore giallo brillante.

ROCCE DIPINTE
Le rocce situate attorno e sopra la linea di alta marea sono spesso caratterizzate da eleganti addobbi costituiti da licheni multicolori. Ciascuna specie di lichene richiede particolari condizioni di luce, nebulizzazione salata ed esposizione al sole.

LA PIÙ 'BASSA' ALTA MAREA

Alternate alle quindicinali maree sizigiali si verificano le maree definite 'di quadratura'. Quando il Sole e la Luna formano tra loro, rispetto alla Terra, un angolo retto le loro forze di attrazione gravitazionale tendono ad annullarsi reciprocamente; le maree che ne conseguono sono quindi di entità molto più ridotta rispetto alle maree ordinarie.

Le forme viventi immobili che necessitano di almeno pochi minuti di sommersione durante ogni marea non possono vivere al di sopra del livello raggiunto dall'alta marea di quadratura.

Segno dell'alta marea di quadratura

La Patella aspera *è diffusa nel medio e nel basso litorale*

PREDATORI SUL LITORALE

L'*Acanthina lugubris*, dalle caratteristiche abitudini predatorie, frequenta il litorale a caccia di molluschi bivalvi e di balani.

LINGUA A MO' DI LIMA

Le *Gibbula umbilicalis* si muovono strisciando in mezzo alle alghe marine nella zona mediana del litorale, raschiando dalle rocce minuscole particelle algali con la caratteristica lingua strutturata come una lima.

MOLLUSCHI AL PASCOLO

Queste *Calliostoma* sp. pascolano nelle praterie di alghe localizzate nella parte più bassa del litorale.

ATTENZIONE AI PIEDI BAGNATI

I Bivalvi (cozze, ecc.) vivono nelle acque degli estuari e sulle coste rocciose più esposte, generalmente al di sotto della fascia dei balani. Raccogliendoli durante le basse maree sizigiali, è buona norma tornare sulla terraferma prima di trovarsi con i piedi bagnati: potrebbe essere troppo tardi per portarsi in salvo.

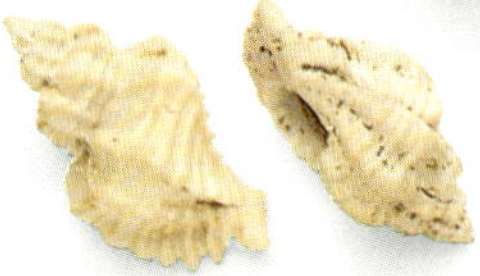

PERFORATORI DI CONCHIGLIE

Tritonalia erinacea si nutre di molluschi, dei quali perfora la resistente conchiglia per raggiungere i nutrienti tessuti sottostanti.

SALDO ANCORAGGIO

Peacuna sella aderisce saldamente alle rocce nella parte più bassa del litorale e sugli scogli lontani dalle coste.

LA PIÙ 'ALTA' BASSA MAREA

Proprio come le alte maree di quadratura non salgono di molto sul litorale, le basse maree di quadratura non ne scendono di molto.

La differenza di livello dell'acqua tra alta e bassa marea di quadratura può risultare addirittura inferiore alla metà della medesima differenza determinata dalle maree sizigiali.

Segno della bassa marea di quadratura

LA 'NORMALE' BASSA MAREA

Attorno ed appena al di sopra del limite della bassa marea ordinaria, al confine inferiore della zona del mesolitorale, le diverse forme di vita acquatica hanno la certezza di rimanere sempre sommerse anche durante le basse maree di quadratura.

Segno della bassa marea ordinaria

Le grandi alghe brune rimangono all'asciutto solamente durante le basse maree sizigiali

LA FASCIA DEI BALANI

A mano a mano che aumentano l'influenza del vento e quella del moto ondoso, per le alghe marine lontane dai ripari naturali la sopravvivenza diviene sempre più difficoltosa. Il loro posto viene preso dai balani, che danno origine ad una particolare fascia lungo molti tratti costieri. Su alcuni litorali australiani si possono rinvenire oltre 120 000 balani per metro quadrato.

CIBO PROCURATO DAL MARE

Molte specie che vivono immobili sui loro sostegni rocciosi, ad esempio questi *Modiolus modiolus*, fanno assegnamento sul mare per procurarsi il cibo, che viene loro fornito sotto forma di minuscole particelle organiche flottanti.

IL MOMENTO MIGLIORE

Il momento migliore per studiare il litorale roccioso è rappresentato dalla bassa marea sizigiale (pag. 63).

Vivere alla fine della terra

LA FINE DELLA TERRA
Gran parte della popolazione mondiale vive sulle coste o in loro prossimità. I litorali scoscesi e rocciosi sono però poco frequentati e ciò ha consentito la sopravvivenza di molte interessanti specie selvatiche.

Avvicinandosi alla costa dall'interno, ci accorgiamo immediatamente di come cambino le condizioni ambientali. Generalmente aumenta la ventosità, dato che i venti marini possono attraversare interi oceani senza incontrare ostacoli. Si percepisce inoltre un sapore salato nell'aria, dovuto alle minuscole goccioline di acqua marina strappate alle onde dal vento. Le piante che crescono vicino al litorale devono tener testa a forti tempeste; se si trovano nella zona di spruzzo devono inoltre tollerare la vaporizzazione di acqua salata. Queste specie vegetali sono generalmente caratterizzate da un portamento prostrato per evitare di essere investite con eccessiva violenza dal vento marino. Un altro problema che queste piante devono risolvere è rappresentato dalla scarsità di acqua dolce. Le precipitazioni piovose evaporano rapidamente per la notevole ventosità, oppure si infiltrano nelle fenditure delle rocce perdendosi in profondità. Alcune specie, come ad esempio il finocchio marino (*Crithmum maritimum*), possiedono foglie spesse, carnose, provviste di un robusto strato di cuticola, assai adatte ad immagazzinare e a conservare notevoli quantità di acqua. Una grande varietà di specie vegetali diffuse lungo i litorali risulta per i motivi descritti assai adattata agli ambienti aridi, che possono popolare anche in zone lontane dal mare.

IL LIMONIO DELLE COSTE
Il limonio marino *Limonium binervosum*, frequente sulle coste marine, è strettamente imparentato con il limonio comune (*Limonium vulgare*), che invece cresce nelle paludi salse e sui terreni argillosi periodicamente inondati dal mare.

L'ETERNO SPILLONE
Rosa di mare è uno dei tanti nomi dello spillone marino (*Armeria maritima*) che cresce in pulvini per proteggersi quanto più possibile dai danni del vento. I fiori di questa pianta mantengono la loro bella colorazione anche essiccati.

DI CASA SULLE PIETRE
Le specie del genere *Sedum* crescono in folti gruppetti in mezzo alle pietre. Dopo la fioritura compaiono sui fusti fiorali i frutticini di colore bruno-rossastro.

IN MEZZO AI SASSI
Tripleurospermum maritimum possiede fiori simili a quelli delle margherite e foglie carnose. Fiorisce nella tarda estate ed è caratteristico dei terreni sassosi, quali ghiaieti e ciottoleti, e dei cumuli di detriti rocciosi posti alla base delle scogliere.

DA FIORE A FRUTTO
I minuscoli fiori giallo-verdastri del finocchio marino (*Crithmum maritimum*), che si aprono, simili a ciuffetti pelosi, nel pieno dell'estate, sono ormai appassiti e si stanno trasformando in bruni frutti sugherosi. Le foglie succose di questa pianta rivierasca venivano un tempo consumate dall'uomo, appena scottate e servite con burro oppure conservate sott'aceto.

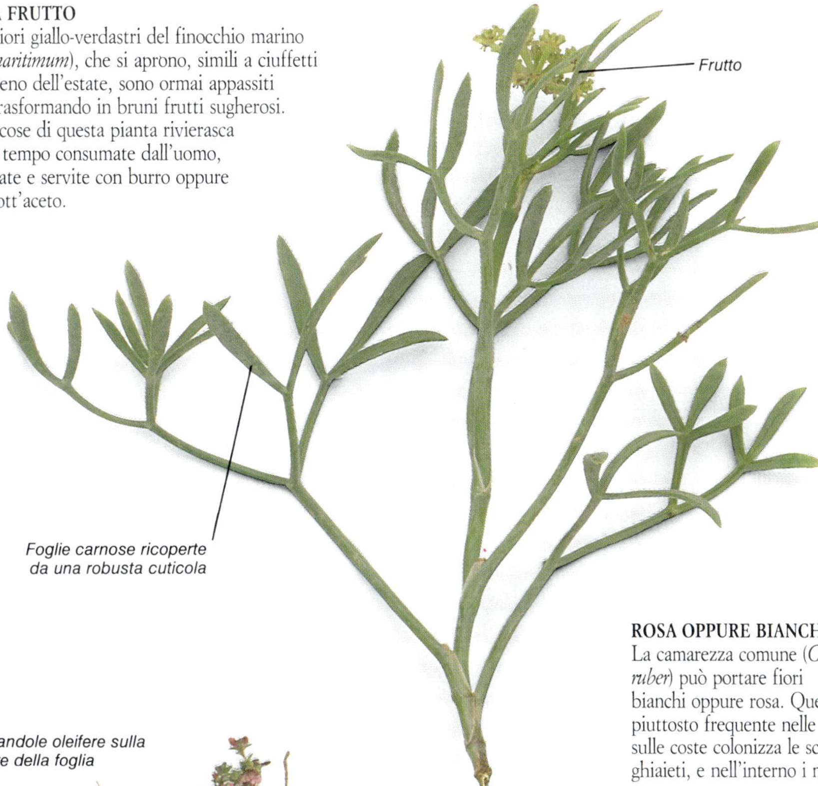

Frutto

Foglie carnose ricoperte da una robusta cuticola

Ciascuna infiorescenza è composta da cinque minuscoli fiorellini

ROSA OPPURE BIANCHI
La camarezza comune (*Centranthus ruber*) può portare fiori bianchi oppure rosa. Questa pianta è piuttosto frequente nelle località rocciose: sulle coste colonizza le scogliere ed i ghiaieti, e nell'interno i muretti di pietre.

Minuscole ghiandole oleifere sulla pagina inferiore della foglia

CUSCINI DI TIMO
Il timo precoce (*Thymus praecox*) non è confinato nella sola zona costiera: cresce anche in altri ambienti aridi, quali dune sabbiose, brughiere e cime di scogliere. Possiede bassi fusti striscianti e fiorisce per tutta l'estate. Allo stesso modo dei suoi parenti coltivati, il timo precoce è provvisto di un caratteristico profumo pungente dovuto al fatto di contenere un particolare olio aromatico denominato timolo.

FOGLIE RAMIFICATE
La piantaggine barbatella è una pianta fibrosa strisciante particolarmente resistente ai climi inospitali. Le sue foglie sono provviste di diverse lacinie, che possono a loro volta risultare dentate.

Esemplari di diverse specie di coclearia

VITAMINE ANTISCORBUTO
Le foglie delle diverse specie di coclearia (*Cochlearia* spp.) sono particolarmente ricche di vitamina C; per questa loro peculiarità venivano raccolte dai marinai, che se ne cibavano allo scopo di evitare lo scorbuto.

UCCISA DAL VENTO
La maggior parte delle specie arboree è incapace di sopravvivere nelle località battute dai forti venti marini. Questa quercia è stata prima piegata e poi uccisa dai forti venti salmastri.

Le alghe del mare

FRONDE PIUMOSE
La delicata struttura di molte alghe rosse, come queste comuni alghe del genere *Plocamium*, è osservabile in maniera perfetta in immersione. Le alghe rosse introducono un vivace tocco di colore nel paesaggio delle acque meno profonde.

Lungo il litorale, ed anche nel mare aperto, vivono piante completamente differenti dai familiari alberi, cespugli ed erbe della terraferma. Queste particolari piante, che crescono con portamento simile a quello delle erbe terrestri lungo gran parte delle coste marine, sono in realtà delle alghe. Diversamente dalle piante erbacee terrestri le alghe non producono fiori e quindi nemmeno semi. Si riproducono in una grande varietà di modi, alcuni dei quali prevedono la liberazione nell'acqua, da parte degli apici rigonfi degli steli, di cellule riproduttive maschili e femminili. Le alghe non possiedono radici, foglie o steli paragonabili a quelli delle piante superiori; le specie più grandi possiedono invece cauloidi o stipi (equivalenti ai fusti), filloidi o fronde (foglie), e talvolta anche strutture di ancoraggio impropriamente paragonabili alle radici delle piante terrestri e denominate rizoidi (pagg. 22-23). La maggior parte delle specie algali è priva di un sistema vascolare in grado di trasportare l'acqua e gli elementi nutritivi in tutte le cellule del cormo: l'intera superficie della pianta è infatti in grado di assorbire i nutrienti direttamente dall'acqua marina. Le alghe che vivono sui litorali rocciosi vengono suddivise in altre serie diverse: alghe verdi (Clorofite), alghe brune (Feofite) ed alghe rosse (Rodofite).

ALGHE IN CASA
È difficile mantenere le alghe marine in acquario. Anche se un sacchetto di sale marino può contribuire a creare una passabile imitazione dell'acqua del mare, la maggior parte delle alghe marine necessita del costante movimento dell'acqua, per potersi approvvigionare di nutrienti e di ossigeno, e di una regolare alternanza di sommersione ed emersione.

VERDI FETTUCCE
Sui litorali rocciosi vivono diverse specie simili di alghe appartenenti al gen. *Enteromorpha*. Queste strane alghe nastriformi si trovano anche negli estuari dei fiumi e dove comunque il mare riceve immissioni di acqua dolce in grado di ridurre il grado di salinità.

Enteromorpha

Sargassum muticum

INVASORE STRANIERO
Il sargasso del Giappone (*Sargassum muticum*) si è naturalizzato lungo le coste meridionali della Gran Bretagna, negli Stati Uniti d'America ed in molte altre regioni costiere; è stato probabilmente introdotto assieme alle uova di ostrica, per l'appunto importate dal Paese del Sol Levante. In molte zone costiere quest'alga bruna ha completamente alterato l'equilibrio ecologico originario. Strettamente imparentate con questa specie sono le alghe che nel Mar dei Sargassi danno origine alle celeberrime impenetrabili masse di vegetazione galleggiante, e che talvolta giungono, trasportate dalle correnti dopo violente tempeste, sin sulle coste europee.

UCCELLI E ALGHE
Gli uccelli del litorale possono nutrirsi anche di alghe, ad esempio di quelle dei generi *Enteromorpha* ed *Ulva*; si nutrono avidamente anche dei piccoli animaletti del litorale che vi si nascondono sotto. Numerose specie di uccelli trascorrono l'intero intervallo tra la bassa e l'alta marea rovistando con il becco nel letto di alghe rimasto all'asciutto, in cerca di cibo.

ABITANTI ROSSOPIUMATI
Le alghe del gen. *Plumaria*, di un ricco color rosso cremisi, vivono ancorate alle rocce nelle zone riparate del medio e basso litorale. Le plumarie si ramificano originando eleganti ciuffi piumosi.

SEGNALE D'ESTATE

In primavera ed in estate queste ramificate alghe brune, appartenenti al gen. *Bifurcaria*, producono irregolari strutture rigonfie che contengono le cellule riproduttive. Le specie del gen. *Bifurcaria* sono presenti, riunite in gruppi, nel medio e basso litorale, dove rimangono sempre ricoperte dall'acqua.

AGGRAPPATA ALLA ROCCIA

Avviluppata alla roccia vicino ad un'alga verde del gen. *Spongomorpha* si può osservare una spugna di colore verde intenso. Si tratta di una comune *Halichondria panicea*, che si annida nei crepacci delle rocce sommerse e sotto i grandi massi della parte bassa del litorale. Le spugne sono animali piuttosto primitivi che vivono filtrando l'acqua, dalla quale ricavano tanto l'ossigeno quanto il nutrimento sotto forma di particelle flottanti.

SEGNALE D'ACQUA ALTA

I grappoli apparentemente secchi dell'alga *Palvetia canaliculata* pendono dalle rocce nella parte superiore del litorale, dove spesso indicano la linea dell'acqua alta. Quest'alga possiede caratteristici solchi lungo le sue fronde.

CONCENTRATRICI DI CALCARE

Lungo i diversi litorali esistono numerose specie di alghe del gen. *Corallina*. Queste caratteristiche alghe rosse possiedono talli impregnati di sali di calcio; crescono a gruppi in mezzo alle rocce, dalla zona di marea sino alla profondità di alcuni metri.

ALGHE SU ALGHE

Questa è una delle numerose specie di alghe verdi del gen. *Cladophora*. Assai comuni, queste alghe vivono nelle zone costiere superficiali e si installano sulle pareti ed addirittura su altre alghe.

Alghe verdi, brune e rosse

DALL'ALTO IN BASSO
Sul litorale roccioso le alghe si presentano riunite in fasce, o zone, orizzontali. Nella fotografia la fascia di colore verde chiaro è costituita dalla lattuga di mare (*Ulva lactuca*), quella verde scuro da alghe del gen. *Fucus*, quella rossa da Rodofite e quella bruna al livello della bassa marea da Feofite del gen. *Laminaria*.

Le alghe più conosciute del litorale sono generalmente quelle brune di notevoli dimensioni appartenenti ai generi *Fucus* e *Laminaria*. Al gen. *Fucus* appartengono alghe nastriformi e piumose che crescono in gruppi nella zona compresa tra il limite dell'alta e quello della bassa marea. Alcune specie sono provviste di vesciche piene d'aria, denominate aerocisti, che mantengono l'intero tallo a galla, a flottare tra le onde. Le alghe del gen. *Laminaria* possiedono lunghe fronde (filloidi) spadiformi e vivono di preferenza in prossimità del livello della bassa marea e più sotto. Le alghe rosse sono generalmente di dimensioni inferiori e prediligono gli anfratti nascosti e le acque poco profonde oltre la zona delle laminarie. Queste alghe contengono un piccolo pigmento rosso, la ficoeritrina, che maschera il colore verde del pigmento clorofilliano presente in pressoché tutte le specie vegetali. La ficoeritrina risulta assai più efficiente, nell'intercettare ed utilizzare la scarsa luce che filtra attraverso l'acqua marina, rispetto al pigmento che caratterizza le alghe brune, la fucoxantina. Ciò consente alle alghe rosse di vivere a profondità maggiori rispetto a tutte le altre alghe marine, delle quali non subiscono quindi la invadente concorrenza.

APICI RIGONFI
Un esemplare maturo di *Fucus vesiculosus* mostra gli apici rigonfi contenenti le strutture riproduttive.

SACCHE D'ARIA
Alcuni esemplari di *Fucus vesiculosus* risultano provvisti di grandi vescicole aerifere (aerocisti), disposte a coppie lungo la nervatura centrale delle fronde algali (come in questo caso). Altri esemplari della medesima specie, soprattutto quelli provenienti da zone esposte del litorale, risultano invece privi di aerocisti oppure ne possiedono pochissime. Non si è ancora scoperto il motivo di questa differenza.

ALGHE DENTATE
Le fronde del *Fucus serratus* sono provviste di una caratteristica dentellatura a mo' di sega lungo tutto il margine. Quest'alga, diversamente dalle altre specie appartenenti al gen. *Fucus*, risulta sprovvista di vescicole aerifere (aerocisti).

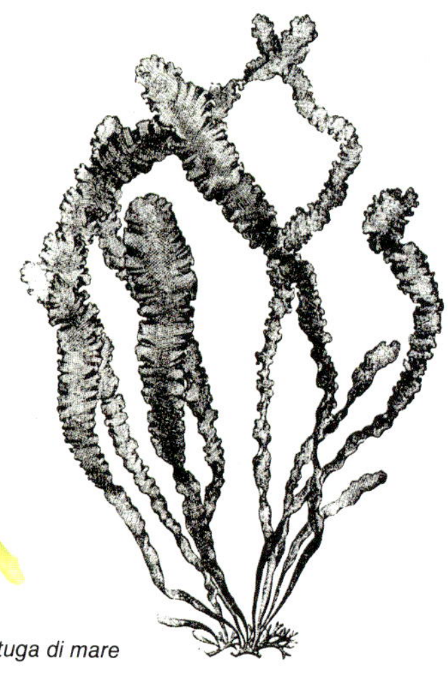

LATTUGA DI MARE
(a sinistra e sopra)
La lattuga di mare *Ulva lactuca*, che assomiglia davvero molto alla pianta che siamo abituati a mangiare in insalata, è un'alga verde assai adattabile. Può infatti crescere tanto nell'acqua a bassa salinità degli estuari quanto in pura acqua marina, quanto ancora nelle acque moderatamente inquinate. La lattuga di mare è un'alga piuttosto comune; può vivere sia attaccata alle rocce sia flottando liberamente.

DOLCEZZA IN MEZZO AL SALE
La *Laminaria saccharina* è una grande alga bruna che vive al livello minimo della bassa marea e più sotto. Le sue fronde, con i bordi ondulati, sono caratteristiche, esattamente come il dolce sapore della polvere bianca che si forma in superficie durante l'essiccazione. Questa sostanza viene ricercata come delicatezza gastronomica in Estremo Oriente.

LUNGHI NASTRI DI ALGHE
L'*Himanthalia elongata* è un'alga bruna di aspetto nastriforme-piumoso diffusa nei pressi del limite della bassa marea. Le sue fronde strette ed allungate possono raggiungere la lunghezza di oltre 3 m. Come avviene in molte altre alghe marine, la sua struttura resistente ed elastica la protegge dal danneggiamento provocato dagli urti contro le rocce.

'FUNGHI' DA RIPRODUZIONE
Questa formazione a bottone o a fungo, che aderisce alla roccia mediante un robusto peduncolo, rappresenta la struttura riproduttiva dell'*Himanthalia elongata*. Durante il secondo anno di crescita della pianta le fronde nastriformi prendono origine da questa base.

DUE ALGHE ROSSE
Mastocarpus stellatus (*a sinistra*) e *Palmaria palmata* (*sotto*) sono due alghe rosse che vengono raccolte industrialmente dall'uomo. *Mastocarpus stellatus* fornisce il gel per la produzione di gelatina e di 'aspic', mentre *Palmaria palmata* può venire consumata cruda, oppure cotta come un comune ortaggio, oppure ancora aggiunta a piatti in umido o a zuppe.

Tra alghe e rocce

Le alghe marine sono prive di vere radici. Le nodose strutture basali delle grandi alghe brune prendono il nome di rizoidi; aderiscono assai saldamente alle rocce sommerse consentendo all'alga di ancorarsi esattamente come le vere radici fanno con le piante superiori. Diversamente dalle vere radici, però, i rizoidi delle alghe non sono in grado di assorbire l'acqua e gli elementi minerali, che entrano invece direttamente nell'alga attraverso tutta la superficie libera del tallo. I rizoidi delle alghe rivestono un ruolo assai importante nella protezione del litorale. Esattamente come gli alberi più alti proteggono dal vento, dalla pioggia troppo violenta e dal sole bruciante il bosco sottostante, le fronde piumose e i robusti rizoidi della foresta di alghe brune al limite della bassa marea fanno da schermo alla violenza del moto ondoso, del vento marino ed all'azione ustionante dei raggi del sole. Molte specie di alghe più piccole e numerosissimi animaletti del litorale, quali granchi, pesciolini, gamberi e molluschi, traggono grande beneficio dalle più calme condizioni ambientali presenti all'interno di una prateria di alghe brune. Durante le tempeste le alghe più deboli vengono strappate dalle rocce sulle quali crescono e sospinte in grandi mucchi sul litorale, spesso con i loro abitanti ancora aggrappati alle fronde. La lontra marina della California (*Enhydra lutris*) (pag. 56) è un ben noto abitante della prateria galleggiante di alghe brune delle coste americane dell'Oceano Pacifico. Questo intelligente mustelide si nutre assai volentieri di ricci di mare, che rompe in superficie appoggiandoseli sul petto e percuotendoli con una pietra.

La presenza dei molluschi indica che quest'alga ha almeno qualche anno di età

TUTTO ESAURITO
La *Laminaria hyperborea* aderisce saldamente alle rocce sommerse grazie al suo rizoide provvisto di ramificazioni terminali simili a dita. Altre alghe brune, unitamente a diverse specie di alghe rosse e di alghe verdi, hanno colonizzato questo piccolo frammento di ardesia. I rizoidi di tutte queste alghe si sono profondamente infiltrati in ogni più piccola fessura e cavità della roccia.

Giovani esemplari di *Laminaria hyperborea*

ABITANTI APPIATTITI
Il granchio *Porcellana longicornis* si nutre del plancton che si procura filtrando l'acqua marina; è imparentato più strettamente con i paguri (pagg. 48-49) e con i gamberi di mare che non con i veri granchi. Gli arti deputati al movimento sono provvisti di spine acuminate che consentono a questo animale di arrampicarsi con grande facilità su rocce apparentemente lisce e sdrucciolevoli. Il corpo appiattito di questo granchio gli consente inoltre di scivolare sotto le pietre e di infilarsi nelle più strette fessure delle rocce ricoperte dai rizoidi delle alghe.

Porcellana longicornis

RIZOIDE SEZIONATO
Questa sezione longitudinale del rizoide di un'alga rossa (*a destra*) mette in evidenza la sua robusta struttura fibrosa. La sezione mette anche a nudo una minuscola 'caverna' nella quale può trovare rifugio il granchio *Porcellana longicornis* (*sopra*).

ALGHE IN TAVOLA

Le alghe sono piante assai nutrienti; si dimostrano assai ricche di alcune vitamine e di elementi minerali quali lo iodio. In molte regioni della Terra le alghe vengono consumate regolarmente, come semplici piatti vegetali oppure tagliate e grattugiate per ornare altri piatti quali guarnizioni commestibili. In Giappone alcune specie di alghe brune e di alghe rosse vengono appositamente coltivate e quindi commercializzate con il nome rispettivamente di *kombu* e *nori*.

UN'ALGA A VENTAGLIO

Una delle alghe brune più caratteristiche è senz'altro la *Saccorhiza polyschides*. Il suo cormo si divide in lunghe fronde vagamente disposte a ventaglio, dai bordi caratteristicamente increspati, che possono raggiungere e superare la lunghezza di 2 m.

Saccorhiza polyschides

Pagina inferiore cava

'Radichette' del rizoide

VERO O DI PLASTICA?

Come altre grandi alghe brune la *Saccorhiza polyschides* cresce al livello della bassa marea e più sotto. Il suo gonfio rizoide, ricoperto di strane escrescenze che lo fanno sembrare costituito da un bolloso foglio di plastica da imballaggio, si sviluppa nel corso di un solo anno.

SPINTE E CONTROSPINTE

Specie simili di alghe brune litoranee sono diffuse un po' in tutto il mondo. Questo rizoide appartiene ad un'alga bruna gigante della Nuova Zelanda del gen. *Macrocystis*. L'intera pianta può raggiungere i 10 m di lunghezza. Le onde e le correnti marine urtano con grande violenza le enormi foglie di quest'alga; il rizoide deve quindi essere tanto robusto da controbilanciare tali spinte. Nelle acque della Nuova Zelanda sono state individuate oltre 600 diverse specie di alghe.

UNA LINGUA ACUMINATA

I molluschi della sp. *Patina pellucida* sono pascolatori di alghe piuttosto comuni; raschiano tanto le alghe quanto qualsiasi incrostazione di natura vegetale o animale. *Patina pellucida* si scava talvolta una tana (pag. 29) nel rizoide delle alghe più grandi.

Nelle due pagine seguenti vengono ancora descritte le alghe brune

Alghe rosse cresciute sul rizoide dell'alga bruna

Il granchio Porcellana longicornis *nascosto nella cavità del rizoide*

PULIZIE INTERESSATE
Il riccio di mare *Echinus esculentus* è uno dei tanti animali del litorale che pascolano sulle rocce e nelle praterie di alghe. Servendosi delle sue potenti mandibole (pag. 28), il riccio raschia la superficie degli scogli ed il cauloide delle alghe, ripulendoli perfettamente per cibarsi delle minuscole efflorescenze algali e dei piccoli animaletti che vi hanno trovato rifugio. Occasionalmente si verificano proliferazioni eccessive di ricci di mare, che per sfamarsi eliminano qualsiasi organismo vivente sulla scogliera, lasciando quest'ultima spoglia e senza vita.

ALGHE GIGANTI
Quest'alga bruna gigante della California appartiene al gen. *Macrocystis* e rappresenta la 'tana' della lontra marina (pag. 56). In favorevoli condizioni climatiche alcune specie di alghe giganti possono crescere di un metro al giorno e raggiungere lunghezze di circa 100 m.

Ai vogatori rivieraschi può capitare di trovarsi con i remi impigliati nelle intricate praterie sottomarine di *Laminaria hyperborea*

PIZZI DI BRIOZOI
Le delicate strutture simili a pizzi che si possono osservare su alcune alghe brune sono briozoi. Ciascun agglomerato è costituito da numerose minuscole creature, simili alle attinie, raggruppate in minuscole scatolette calcaree.

Il gattuccio (*Scyliorhinus canicula*) depone le sue uova in mezzo alle alghe marine (pag. 61)

Le conchiglie del litorale

La maggior parte degli animali che sul litorale vive all'interno di conchiglie appartiene al *phylum* dei Molluschi, il quale comprende una enorme quantità di specie diverse: si calcola infatti che sull'intera terra ne esistano oltre 90 000 viventi. Il mollusco tipico possiede un corpo morbido, un piede muscolare che gli consente di spostarsi ed una resistente conchiglia, realizzata con carbonato di calcio ed altri sali minerali estratti dall'acqua del mare; questa schematica struttura-base presenta comunque innumerevoli varianti. I molluschi osservabili sul litorale appartengono per lo più alla classe dei Gasteropodi (la stessa cui appartengono le chiocciole terrestri); tra questi patelle, orecchie di mare, cipreidi, buccini e coni. Quasi tutti commestibili sono i Molluschi bivalvi, che possiedono la conchiglia composta da due parti tra loro articolate. Tra questi si possono ricordare cozze, telline, *Cardium* spp., datteri marini, ostriche. Anche lepri marine, lumache di mare, calamari, seppie e polpi appartengono al *phylum* dei Molluschi, pur se a classi diverse.

CONCHIGLIE IN VENDITA
La bellezza e la durezza delle conchiglie marine ne hanno fatto materie prime assai apprezzate dall'artigianato gioielliero. Le conchiglie trovavano anche un tradizionale impiego nella decorazione di scatolette portaoggetti, come quelle vendute dai ragazzini dell'illustrazione. In diverse regioni costiere tropicali alcuni tipi di conchiglie, sufficientemente rare, venivano utilizzate come moneta corrente.

DENTI DI FERRO
I molluschi appartenenti alla sp. *Acanthopleura brevispinosa* sono piuttosto comuni lungo molti litorali rocciosi; sugli scogli sono però difficili da notare a causa del loro perfetto mimetismo. Questa specie si nutre di alghe del mesolitorale e vive nell'Oceano Indiano. I suoi minuscoli 'dentini' sono rivestiti da una sostanza particolarmente resistente, contenente anche sali di ferro, che ne evita un troppo rapido logoramento.

STRISCE E MACCHIE
I molluschi della sp. *Cranculus pharaonis*, con la loro caratteristica conchiglia striata e macchiettata, sono i colorati e famelici abitanti dei litorali rocciosi (pagg. 30-31). Questa specie vive nel Mar Rosso, dove si nutre pascolando tra le alghe nelle zone più basse del litorale.

AL RIPARO NELLA CONCHIGLIA
Cyprea caputserpentis è un mollusco piuttosto comune lungo molti litorali degli oceani Pacifico e Indiano, e lungo le coste meridionali dell'Australia. Si nutre di piccole alghe che trova sulle rocce e sui bordi esterni delle scogliere coralline, dove si frangono le onde. Quando si ritiene in pericolo, questo mollusco si ritira nella fessura posta sulla faccia ventrale della conchiglia.

RIVESTITE DI MADREPERLA
Alcune specie di orecchie di mare, in particolare l'*Haliotis rufescens*, sono ben note per il magnifico rivestimento madreperlaceo, dai bagliori iridescenti, del loro interno. Questi molluschi si alimentano pascolando alghe: sono assai ricercate a scopo culinario — sono ritenute vere prelibatezze — soprattutto nell'America Settentrionale e nel Pacifico meridionale.

RACCOGLITORI DI OSTRICHE
Le ostriche vengono raccolte dall'uomo, che se ne ciba con particolare piacere, da tempo immemorabile. Questa illustrazione giapponese mostra alcuni pescatori di ostriche nei pressi delle sacre rocce gemelle al largo dell'isola di Ise.

TROTTOLE VARIOPINTE
Monodonta australis, diffuso nell'Oceano Indiano, possiede una conchiglia assai vistosa. Questo mollusco, chiamato anche trottola, appartiene alla classe dei Gasteropodi (quest'ultimo termine significa 'piede-stomaco'). Muovendosi, le trottole danno l'impressione di strisciare sul loro ventre.

ERBIVORI LITORANEI
Il mollusco *Nerita peleronta* è diffuso in numerose zone costiere tropicali. Gli esemplari qui riprodotti provengono dai Caraibi, dove questi molluschi vivono localizzandosi nel medio litorale. *Nerita peleronta* è un gasteropode erbivoro: si ciba di minuscole alghe che raschia dalle rocce, di radici sommerse ed anche di grandi alghe marine.

CRUDA E NEL SUO SUCCO
Le due valve dell'ostrica sono tenute saldamente serrate assieme da un robustissimo muscolo. Per poterle aprire è necessario far leva con un coltello. Le ostriche vengono spesso consumate crude, nel loro 'succo' naturale, direttamente nella conchiglia.

PREDATORE SUDAMERICANO
Molti molluschi predatori possiedono un aspetto simile a quello delle chiocciole; *Concholepas peruviana* è invece provvisto di un piede particolarmente grande che lo fa assomigliare maggiormente ad una patella. Questo predatore pattuglia il medio e basso litorale della costa pacifica del Sudamerica a caccia di balani e mitili.

FILTRARE IL MARE
Esistono numerose specie di ostriche, diffuse nelle più diverse regioni costiere del globo. Questa in particolare, denominata *Saccostrea cucullata*, si autocementa sulle rocce sommerse, fissandovisi generalmente con la valva destra. Come altri molluschi bivalvi, anche l'ostrica si nutre filtrando l'acqua del mare: si installa in una posizione dove esiste una buona corrente d'acqua, trattiene le minuscole particelle fluttuanti di cibo e le convoglia nel suo apparato digerente servendosi di minuscoli peli battenti denominati ciglia.

Aculeo per forzare il rivestimento a placche dei balanidi

CARNIVORI LITORANEI
Acanthina lugubris, mollusco gasteropode esattamente come la *Nerita peleronta*, al contrario di quest'ultima ha abitudini ferocemente carnivore. Questa particolare specie, originaria delle coste occidentali dell'America Settentrionale, utilizza la sua appendice spinosa per scardinare il rivestimento a placche dei balanidi e trovare accesso ai succulenti tessuti sottostanti.

UN MOLLUSCO BEN ARMATO
Conus ebraeus, diffuso nell'Oceano Indiano e nell'Oceano Pacifico, è una specie appartenente al sottordine degli Stenoglossi che vive nella zona tra le maree (pag. 16). I *Conus* sono provvisti di lunghi stiletti, a struttura cava, mediante i quali viene iniettato nelle prede — vermi marini e gasteropodi — un potente veleno.

CACCIATORE DI VERMI
Il mollusco *Drupa rubusidaeus*, anch'esso carnivoro, possiede una caratteristica colorazione rossa sui bordi della 'fauce' (apertura della conchiglia). È originario delle regioni indopacifiche, dove si ciba di vermi che cattura nelle zone più basse del litorale.

PROTEZIONE PER I MOLLUSCHI
Come tanti altri, *Perna viridis* aderisce saldamente alle rocce sommerse mediante robusti filamenti composti di una particolare sostanza conosciuta come 'bisso'. *Perna viridis* è originaria del Sud-Est asiatico. Numerose specie di molluschi sono attivamente protette dall'uomo nelle più diverse zone costiere.

I molluschi appartenenti alla sp. *Trivia arctica*, più piccoli delle corrispondenti specie tropicali, si cibano di ascidie nella zona più bassa del litorale

CIBO DAL MARE
In un tipico picnic americano sul litorale, qui in un dipinto del pittore statunitense del XIX sec. Winslow Homer, numerosi molluschi della specie *Venus mercenaria* vengono cucinati 'al vapore' mediante alghe marine umide poste su pietre arroventate.

Afferrarsi alle rocce

Le scogliere rocciose possono rivelarsi habitat assolutamente inospitali, con le onde che le percuotono senza sosta. Molte creature della zona tra le maree hanno saputo superare questo ostacolo evolvendo resistenti conchiglie esterne, che hanno anche l'ulteriore doppia funzione di proteggere i proprietari dai predatori e di ripararli dai roventi raggi del sole. I molluschi come le patelle possiedono conchiglie vulcaniformi molto appiattite, che presentano un ingombro molto ridotto all'urto delle onde, mentre altri, come le littorine, hanno conchiglie spesse e arrotondate, che in caso di distacco non corrono il rischio di finire capovolte. Una terza via di sopravvivenza in questo particolarissimo habitat è rappresentata da una salda adesione agli scogli. Le stelle marine ed i ricci di mare possiedono centinaia di minuscoli pedicelli ambulacrali dotati di ventosa, mentre le patelle e le lumache di mare sono provviste di un unico grande piede, anch'esso in grado di funzionare da ventosa.

AGGRAPPATI AD UN PEDUNCOLO
Le lepadi (*Lepas anatifera*), che spesso è possibile osservare spiaggiate sul litorale, sono provviste di robusti peduncoli che aderiscono a qualsiasi oggetto galleggiante, sia esso di legno, di vetro o anche di pietra pomice. Questi particolari crostacei vivono filtrando l'acqua marina per impadronirsi delle minuscole particelle di cibo che vi sono sospese, allo stesso modo dei loro parenti immobili sul litorale (pag. 12). Un tempo si riteneva che queste lepadi altro non fossero se non forme di svernamento delle oche selvatiche. A questi uccelli faceva appunto pensare la strana forma di tali crostacei.

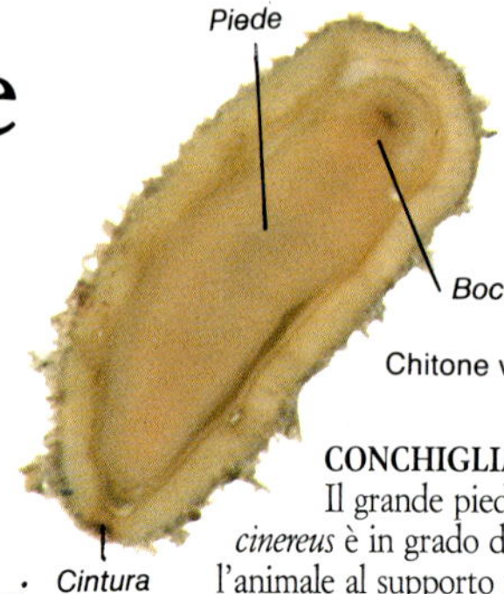

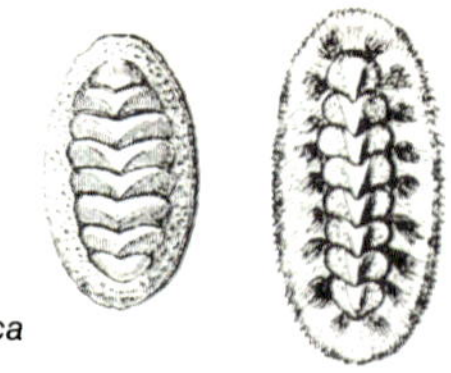

Chitone visto da sopra e da sotto

CONCHIGLIA COMPOSTA
Il grande piede del chitone *Lepidochiton cinereus* è in grado di ancorare saldamente l'animale al supporto roccioso. Questo mollusco poliplacoforo è solitamente sedentario, anche se può muoversi lentamente in cerca di cibo; al termine dell'escursione fa di solito ritorno al punto di partenza. La conchiglia di questo animale è composta da otto valve embricate.

PIEDI DA ANCORAGGIO
La simmetria pentaraggiata del riccio di mare *Echinus esculentus* svela il suo stretto grado di parentela con le stelle marine. Questo caratteristico echinoideo si protegge dai predatori mediante una formidabile corazza di spine che possono venire ripiegate alla base grazie al loro particolare tipo di articolazione (la base globosa di ciascuna spina trova alloggiamento in un apposito alveolo). Il riccio di mare utilizza i suoi lunghi pedicelli ambulacrali a tentacolo per ancorarsi al supporto prescelto oppure per spostarsi in cerca di alghe cresciute sulle rocce sommerse e della vegetazione delle praterie marine.

UN PIEDE ROBUSTO
Littorina littorea viene da tempo immemorabile raccolta a scopo alimentare nelle zone più basse del litorale. Allo stesso modo della sua parente terrestre, la chiocciola, la *Littorina littorea* si sposta grazie al suo robusto piede muscolare, lubrificato da un sottile velo mucoso. Quando non è impegnato in spostamenti, questo mollusco rimane volentieri nascosto in cavità sottomarine, sigillando con muco l'eventuale fessura rimasta tra il suo guscio e la parete rocciosa.

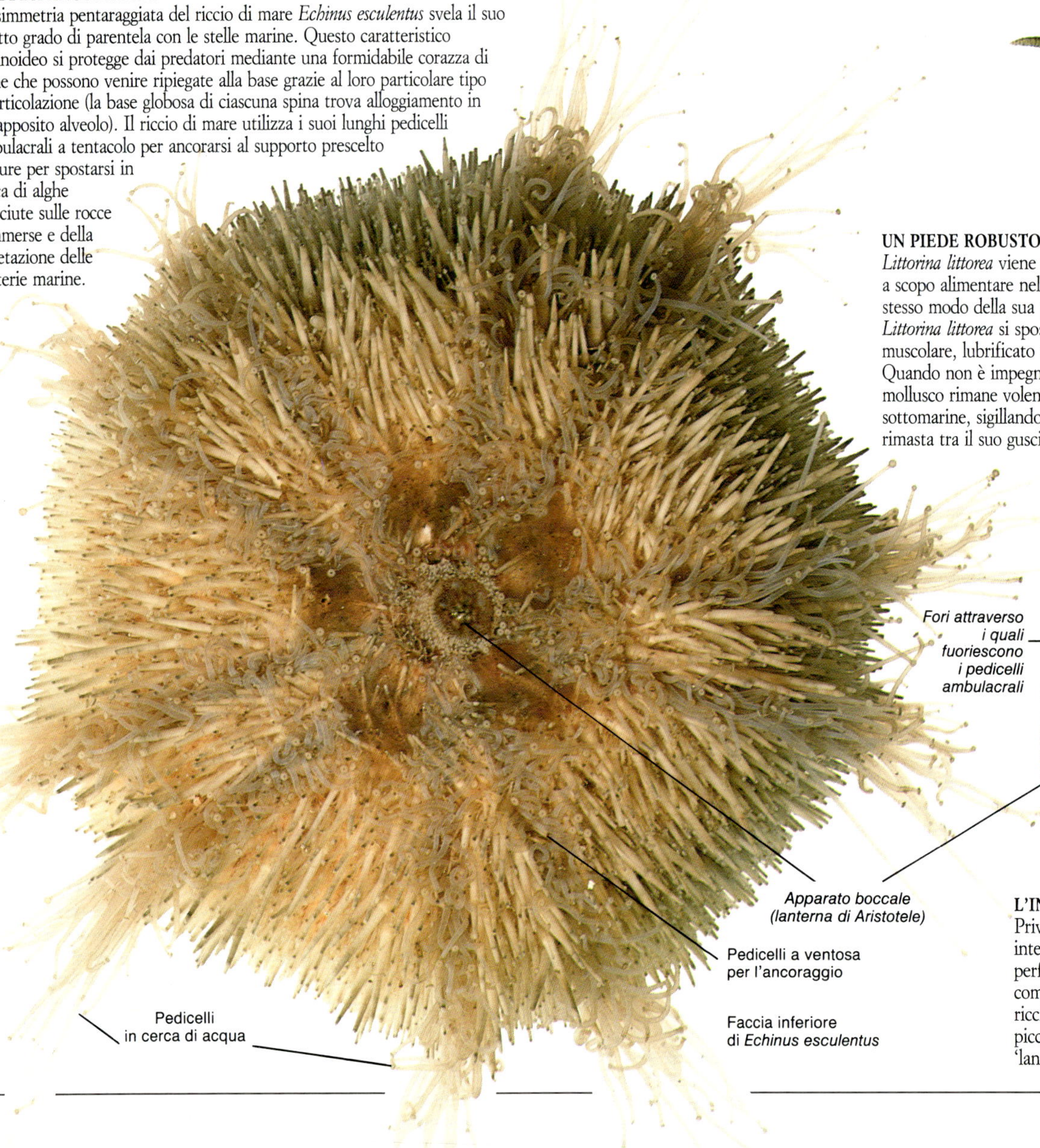

Faccia inferiore di *Echinus esculentus*

Guscio di riccio *Echinus esculentus*

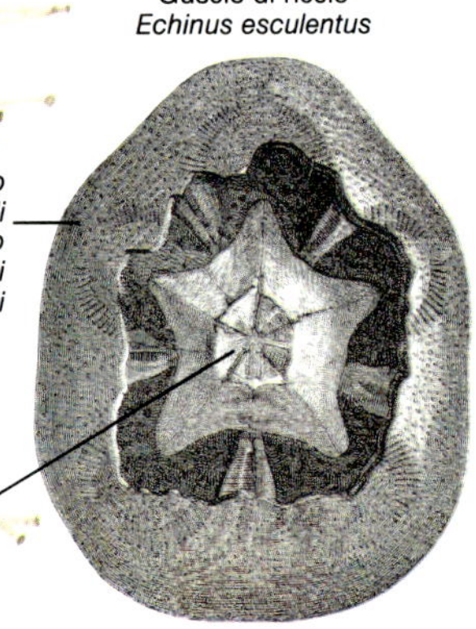

L'INTERNO DI UN RICCIO
Privata di spine e di pelle, la struttura interna di un riccio di mare rivela la sua perfetta simmetria. Il sistema boccale, composto da cinque denti, consente al riccio di pascolare alghe e di triturare piccoli animaletti, e prende il nome di 'lanterna di Aristotele'.

SOTTO LA STELLA MARINA

La parte inferiore della stella marina *Marthasterias glacialis* mostra centinaia di ondeggianti pedicelli ambulacrali. Ciascuno di essi è in pratica un robusto sacco muscolare digitiforme collegato alla base (all'interno del corpo) ad un minuscolo serbatoio ed al sistema idraulico dell'animale, pieno di liquido. I muscoli pompano il fluido dal serbatoio ai pedicelli ambulacrali, che immediatamente si allungano. Il sistema nervoso dell'animale è in grado di coordinare il riempimento e lo svuotamento dei singoli pedicelli, consentendo in tal modo alla stella marina di spostarsi agevolmente nella direzione voluta.

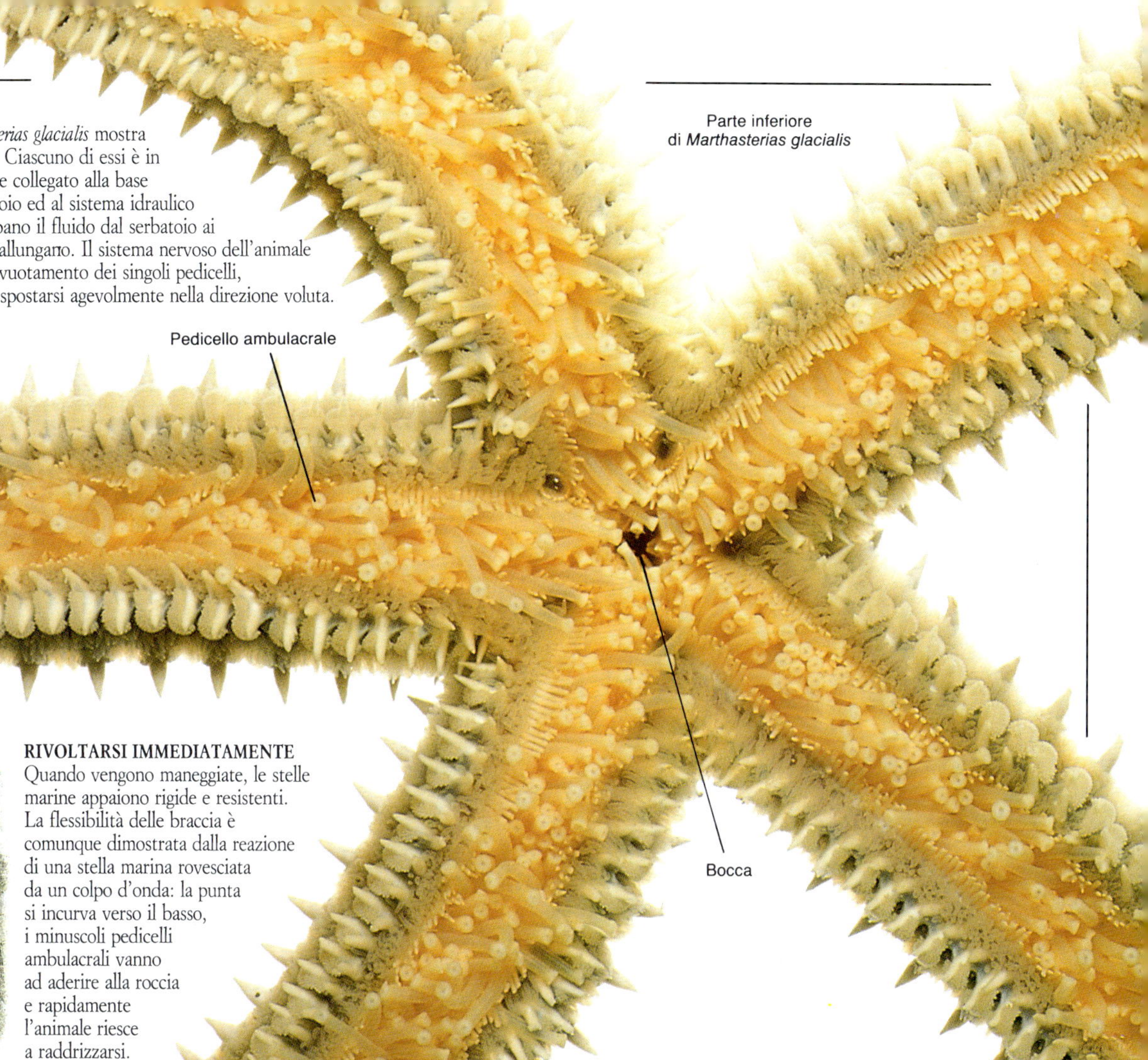

RIVOLTARSI IMMEDIATAMENTE

Quando vengono maneggiate, le stelle marine appaiono rigide e resistenti. La flessibilità delle braccia è comunque dimostrata dalla reazione di una stella marina rovesciata da un colpo d'onda: la punta si incurva verso il basso, i minuscoli pedicelli ambulacrali vanno ad aderire alla roccia e rapidamente l'animale riesce a raddrizzarsi.

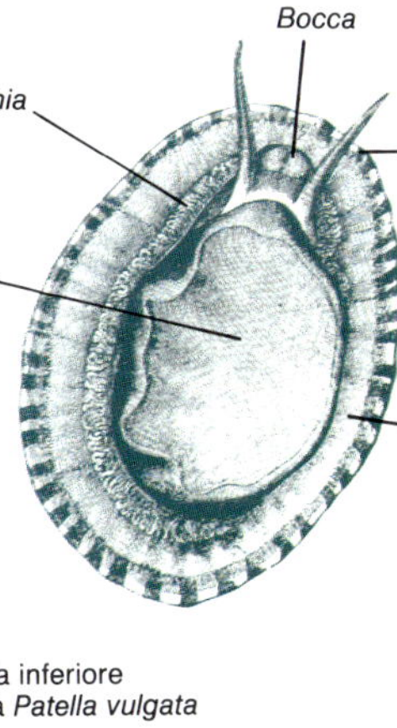

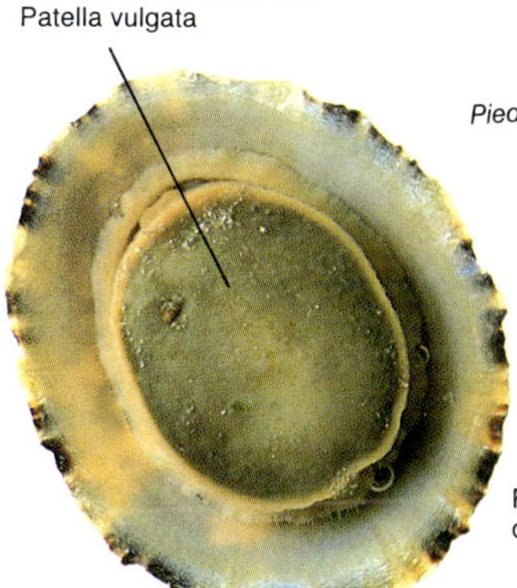

Faccia inferiore di una *Patella vulgata*

PIEDI DISTINTIVI

La *Patella vulgata* è distinguibile dalla *Patella aspera* (*estrema destra*) per il colore del piede: verde nella prima, rosa-arancio nella seconda. Il riconoscimento è però possibile solamente se si riesce a staccare la patella dalla roccia.

IL SENTIERO DELLA PATELLA

La patella si nutre delle incrostazioni algali presenti sulle rocce, spingendosi a pascolare sino ad un metro, o anche più, dal suo campo base prima di imboccare la via del ritorno.

CAMPIONI DI AVVINGHIAMENTO

Le patelle sono insuperabili nell'aderire alle rocce. La *Patella vulgata* può essere staccata dal supporto solamente se presa alla sprovvista, prima che il suo piede muscolare la sigilli alla roccia. Ciascuna patella possiede un suo 'campo-base' dove, servendosi del bordo della conchiglia, realizza un'incavatura poco profonda che contribuisce ad aumentare la sicurezza difensiva.

Dentro una pozza litoranea

ALLO STUDIO DELLA NATURA
I naturalisti sono sempre stati affascinati dal brulicare di vita delle pozze rocciose litoranee. Il grande naturalista inglese del XIX sec. Philip Gosse studiò particolarmente a fondo la vita costiera nel Devon, nell'Inghilterra sudoccidentale. Il figlio Edmund descrisse in seguito, con ampiezza di dettagli, le tecniche di studio del padre e la grandissima varietà di emozioni che questi ne aveva tratto.

L'universo naturale è immenso ed immensamente difficile da studiare. Una pozza rocciosa litoranea è un po' un universo naturale in miniatura, o meglio un particolare habitat nel quale piante ed animali vivono assieme instaurando una miriade di rapporti reciproci. Nella pozza vive una grandissima varietà di specie vegetali, dalle alghe microscopiche riunite in una sottilissima pellicola che ricopre qualsiasi superficie umida alle più grandi alghe marine. Tutte queste piante convertono l'energia che giunge dal sole sotto forma di luce in sostanza organica, che rappresenta poi la fonte di cibo per gasteropodi vari e tanti altri animaletti erbivori. Gli organismi carnivori, quali stelle marine, piccoli pesci, buccini, si nutrono a loro volta dei piccoli organismi vegetariani. Nella pozza vivono poi gli animali spazzini, quali granchi e gamberi, che si cibano di resti tanto animali quanto vegetali. I molluschi ed i crostacei filtratori d'acqua, quali mitili e balani, si nutrono di minuscole particelle flottanti di sostanza organica, tra le quali sono compresi interi microrganismi animali o vegetali ed i resti quasi completamente decomposti di grandi organismi deceduti in mare.

STRINGHE DI UOVA
Le lepri di mare (*Aplysia punctata*) frequentano il litorale in primavera ed in estate per brucare i teneri germogli delle alghe marine e per deporre le loro uova, caratteristicamente riunite in stringhe di colore rosso-rosa.

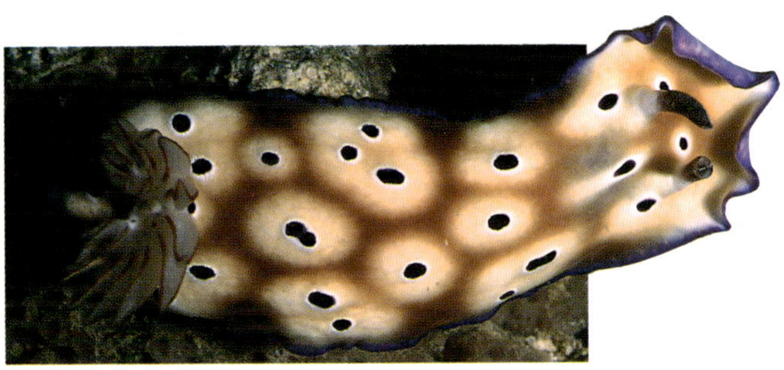

LUMACHE MARINE
Nelle pozze rocciose litoranee rimangono occasionalmente intrappolati molluschi simili alle lumache, come ad esempio questo *Hyselodris* proveniente dall'isola di Guam, nell'Oceano Pacifico. Questi organismi vengono chiamati lumache di mare (nudibranchi); sono completamente privi di conchiglia e di branchie. In luogo di queste ultime ci sono delle specie di ciuffi branchiali retrattili che fanno da corona all'apertura anale.

LA CONCHIGLIA C'È MA NON SI VEDE
Le lepri marine sono delle vere e proprie lumache di mare in quanto possiedono una piccola e flessibile conchiglia, che rimane completamente ricoperta dal mantello.

PUNGIGLIONI RICICLATI
Alcune lumache di mare sono provviste di cellule urticanti assorbite dalle attinie da esse divorate.

MANGIATORI DI SPUGNE
Archidoris pseudoargus è caratterizzato da una struttura corporea esterna screziata di color giallastro; si nutre di ascidie e di spugne.

DA NON RACCOMANDARE
La brillante colorazione di molti nudibranchi avverte i potenziali predatori che il sapore del loro corpo è orribile.

Il mugnaiaccio (*Larus marinus*) frequenta volentieri in cerca di preda le pozze rocciose litoranee; attacca con il possente becco qualsiasi animale vivo o morto e qualsiasi oggetto che possa apparire anche lontanamente commestibile.

La stella marina *Asterias rubens* solleva la punta dei suoi tentacoli, sensibili alla luce (pag. 29), in cerca della strada verso una fenditura ombrosa e sicura.

Il granchio *Portunus puber* in mezzo ai ciottoli che ha ammassato in una incavatura della roccia; attende per uscire inosservato alla ricerca di residui organici da ingerire.

PREDA IMMOBILE
I mitili, saldamente attaccati alle rocce mediante i robusti legamenti di bisso (pag. 27), rappresentano dei bersagli immobili per le stelle marine delle sp. *Pisaster ochraceus*. Le lunghe fosse costiere 'a trincea', come questa, possono originarsi dove uno strato di roccia più soffice è rimasto intrappolato 'a sandwich' tra due strati più resistenti.

PORTATI DAL MARE
Non appena la marea si ritira, e all'interno della pozza rocciosa l'acqua si calma, i consumatori di rifiuti, come questo granchio del gen. *Charybdis*, emergono dai loro nascondigli situati in buchi o fessure per controllare cosa il mare ha portato di commestibile. In questo caso si tratta di un piccolo riccio di mare, probabilmente già ferito o ammalato, e comunque perfettamente indifeso nei confronti delle spaventose chele del granchio.

L'attinia *Bunodactis verrucosa* si prepara per la bassa marea avvolgendo i suoi 48 vulnerabili tentacoli

MINUSCOLE UOVA GIALLE
Le uova della *Nucella lapillus* vengono spesso deposte sotto i ciottoli.

IMPRESSIONI DI UN ARTISTA
Nel 1965 venne pubblicata l'opera di Philip Gosse *L'anno sul litorale.* Contemporaneamente naturalista ed artista, Gosse ha illustrato il suo libro con disegni eseguiti prendendo quali modelli i campioni raccolti sui litorali del Devon. Questi quattro molluschi sono, da sinistra a destra: *Trivia arctica*, *Calliostoma* sp., piede di pellicano e *Nassarius reticulatus*.

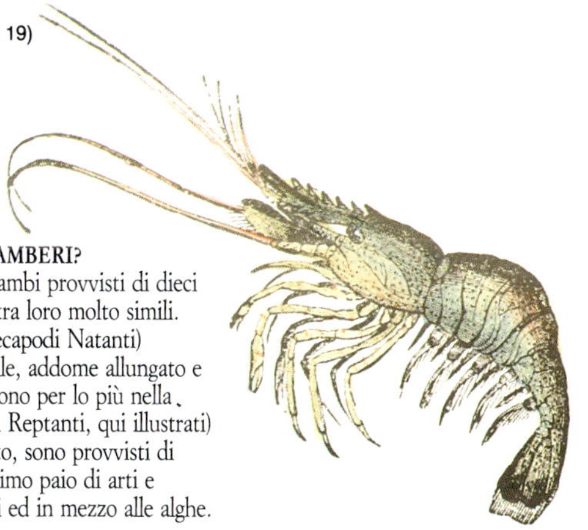

GAMBERETTI OPPURE GAMBERI?
Gamberetti o gamberi, entrambi provvisti di dieci zampe principali, appaiono tra loro molto simili. In generale i gamberetti (Decapodi Natanti) possiedono aspetto più gracile, addome allungato e compresso lateralmente; vivono per lo più nella sabbia. I gamberi (Decapodi Reptanti, qui illustrati) possiedono corpo più robusto, sono provvisti di leggere e strette chele sul primo paio di arti e vivono in crepacci sommersi ed in mezzo alle alghe.

I pesci delle pozze litoranee

La vita per i piccoli animali che vivono nelle pozze rocciose costiere, quali i piccoli pesci, è irta di gravi pericoli. Se piove troppo abbondantemente la concentrazione salina dell'acqua della pozza viene eccessivamente diluita, cosicché per poche ore tutti i suoi abitanti si trovano costretti ad adeguare il loro biochimismo alle nuove condizioni ambientali. La marea discendente può abbandonarli in una minuscola pozzanghera fangosa, costringendoli a contorcersi sulla roccia nuda in cerca della salvezza di una pozza profonda. Nel breve spazio di un'ora il sole può trasformare una fresca pozzanghera in un letale bagno caldo, costringendo gli animali che possono farlo a lasciare l'acqua ed a cercar rifugio sotto una roccia fresca ed umida. Durante la bassa marea i gabbiani cacciano senza sforzo gli abitanti delle pozze rocciose, mentre con il ritorno dell'alta marea le onde possono far rotolare tanto violentemente i ciottoli da uccidere i piccoli animaletti. I pesci predatori rappresentano poi un pericolo costante: i gronghi si nascondono in agguato nelle fessure, ed i famelici branzini seguono la marea che sale divorando senza scampo chi rimane indietro. I pesci qui descritti sono creature incredibilmente adattate a sopravvivere nelle fluttuanti condizioni di pericolo dell'habitat in miniatura rappresentato dalle pozze rocciose litoranee.

UN PERICOLO CHE CAMMINA
Molti pesci del litorale si mimetizzano con tanta perfezione da non venire generalmente individuati dalle persone che si trovano a camminarvi; all'ultimo momento si trovano quindi costretti a fuggire precipitosamente dagli stivali che stanno per calpestarli.

UN COLPO DI PINNE
La famiglia dei Gobidi comprende circa 1500 specie, la maggior parte delle quali è di piccole dimensioni e di forma allungata, caratteristiche tipiche degli abitatori del litorale. Questi sono ghiozzi (*Gobius minutus*), in grado di nascondersi nei fondi sabbiosi immergendovisi con semplici colpi di pinne.

CASA IN UN BUCO
Il blennio (*Blennius pholis*) è uno dei più comuni pesci dei litorali delle zone temperate. Come molte altre specie adattate a questi ambienti si costruisce la tana sotto le pietre o nelle cavità degli scogli, contorcendosi forsennatamente per spostare inopportuni frammenti di vegetazione o anche di roccia.

COME UN'ANGUILLA
Pholis gunnellus possiede una caratteristica serie di macchie scure lungo il dorso. Vive nelle zone costiere dell'Atlantico Settentrionale, dagli Stati Uniti alla Gran Bretagna e al continente europeo. Il suo nome comune anglosassone, pesce-burro, gli deriva dalle sensazioni che si provano toccando il suo corpo vischioso.

GUARDARE VERSO L'ALTO
I pesci che vivono lungo il litorale possiedono occhi disposti molto in alto rispetto alla sommità del capo. Questa particolarità anatomica consente loro di controllare l'arrivo dei predatori aerei quali gli uccelli marini.

RIFLESSI DORATI
Le macchie scure sulla parte anteriore della pinna dorsale ed all'inizio della pinna caudale consentono di identificare con sicurezza lo *Ctenolabrus rupestris*, della fam. dei Labridi. Gli esemplari più grandi di questa specie dai riflessi dorati raggiungono la lunghezza di 20 cm.

DIFFICOLTÀ ITTIOLOGICHE

È molto difficoltoso studiare i pesci del litorale. Durante la bassa marea il loro comportamento sociale risulta confinato nelle pozze o nei buchi, mentre con il sopraggiungere dell'alta marea, quando escono dai loro rifugi per nutrirsi, le abitudini circospette ed elusive non agevolano sicuramente l'osservatore.

VENTOSA VENTRALE

Lepadogaster lepadogaster si serve di un grande organo ventrale a ventosa per mantenersi sigillato alla roccia. Come molte altre specie del litorale questo *Lepadogaster* è caratterizzato da una pelle gommosa e priva di squame. Queste particolarità anatomiche gli consentono di sgusciare con grande facilità tra pietre del fondo ed alghe marine.

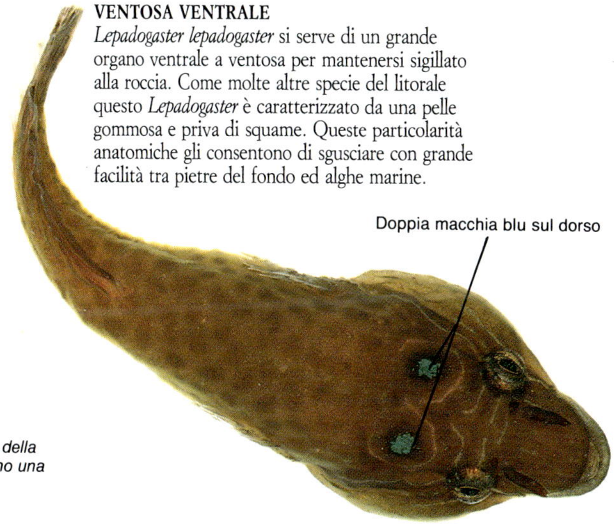

COLORAZIONE PROTETTIVA

I pesci che vivono nelle pozze rocciose del litorale, ad esempio questo *Gobius minutus*, sono generalmente caratterizzate da colorazioni screziate e maculate per agevolare la loro mimetizzazione tra rocce, conchiglie, alghe ed ombre fluttuanti di questo peculiare ambiente.

OTTIMA MIMETIZZAZIONE

Il nerofidio (*Nerophis ophidion*), appartenente al gruppo dei pesci ago — imparentato con quello dei cavallucci marini —, può letteralmente divenire invisibile quando va a nascondersi tra le erbe e le alghe in vigile attesa di minuscoli pesciolini.

CON E SENZA PINNE

Nel corso dell'evoluzione il pesce ago *Nerophis lumbriciformis* ha perduto quasi tutte le sue pinne, compresa quella caudale. *Taurus bubalis*, al contrario, si è arricchito di pinne increspate. Se viene disturbato, questo pesce erge la sua aculeata protezione branchiale allo scopo di intimorire il nemico di turno.

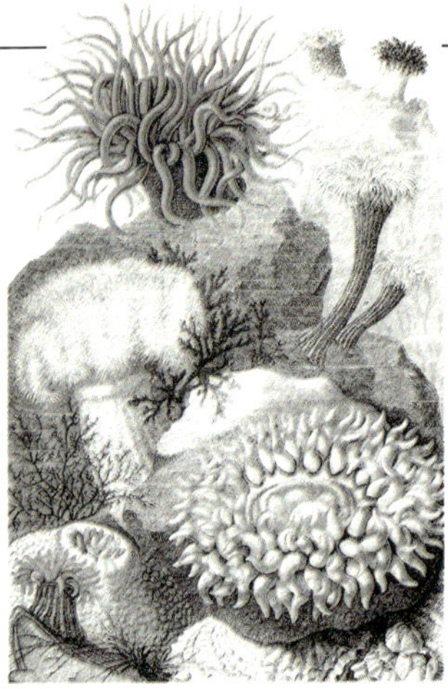

APERTO PER PRANZO
Magnifici ma mortali: i tentacoli ondeggianti di una colonia di anemoni di mare rappresentano una foresta maledetta per molte piccole creature marine.

Fiori-animali

Le attinie sono i sorprendenti 'fiori' del litorale; sorprendenti soprattutto perché non sono affatto fiori. Sono invece animali di consistenza gelatinosa, cavi internamente, appartenenti al *phylum* dei Celenterati o Cnidari, il medesimo cui appartengono i coralli e le meduse. I 'petali' sono in realtà tentacoli provvisti di particolari cellule urticanti in grado di avvelenare le prede, che vengono quindi trascinate nell'apertura boccale. Esattamente come i fiori, le attinie, conosciute anche come anemoni di mare, hanno evoluto colorazioni varie e vistose, che spaziano dal rosa salmone al verde smeraldo, al nero lucente. In molti casi la vivace colorazione si presenta assai variabile all'interno della medesima specie. Altra caratteristica di notevole importanza di questi strani animali è costituita dalla loro capacità di spostarsi, seppure con molta lentezza, facendo scivolare la robusta base muscolare sulla superficie d'appoggio. Alcune specie si installano sulla sabbia o sulla ghiaia, mentre altre trascinano il loro corpo dentro qualche spaccatura della roccia dalla quale lasciano fuoriuscire solamente gli attraenti tentacoli. Quando la marea scende e l'acqua si ritrae la maggior parte delle attinie destinata a rimanere allo scoperto ritira i tentacoli ed assume l'aspetto di una piatta escrescenza gelatinosa: tutto ciò per evitare una letale disidratazione.

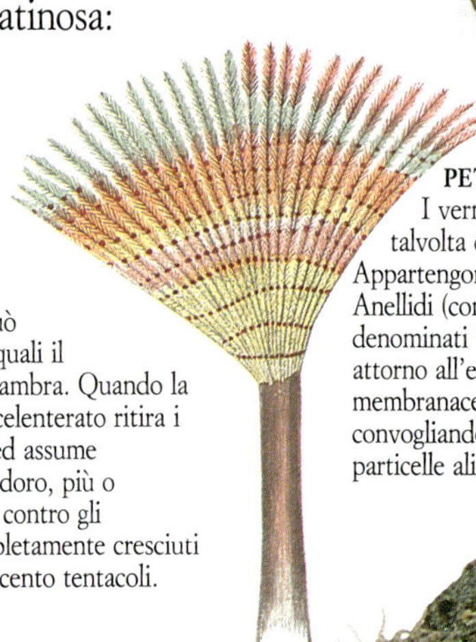

PETTINARE IL MARE
I vermi della fam. Sabellidi vengono talvolta confusi con le attinie. Appartengono invece al *phylum* degli Anellidi (come i lombrichi). I tentacoli, denominati 'radioli', disposti a corona attorno all'estremità libera del tubo membranaceo, si muovono velocemente convogliando dentro quest'ultimo le piccole particelle alimentari flottanti nell'acqua.

ATTINIE-SEMAFORO
Il pomodoro di mare (*Actinia equina*) può presentare differenti colorazioni, tra le quali il rosso, il verde ed il giallo ambra. Quando la marea si abbassa, questo celenterato ritira i tentacoli nel suo interno ed assume l'aspetto di un vero pomodoro, più o meno maturo, schiacciato contro gli scogli. Gli esemplari completamente cresciuti possiedono circa duecento tentacoli.

'FIORI' SOPRA UNO STELO
Questa visione laterale di un pomodoro di mare in fase grigia mostra il tozzo 'stelo' (in realtà è il suo corpo) con un riverbero iridescente attorno alla sua base. Il pomodoro di mare può sopravvivere al di fuori dell'acqua per parecchio tempo e può quindi spingersi piuttosto in alto sul litorale.

PREGIO O DIFETTO?
Le protuberanze a forma di porro presenti sul corpo di questo animale marino ne hanno determinato il nome scientifico: *Bunodactis verrucosa*. Le protuberanze, che possono essere osservate più agevolmente quando l'attinia è chiusa, vanno dalla corona dei tentacoli sino al margine del piede.

ATTINIA PIUMOSA
L'attinia piumosa *Metridium senile* può presentare colorazione brunastra, biancastra oppure rossiccia; può raggiungere l'altezza di 30 cm. I suoi tentacoli piumosi catturano le piccole particelle flottanti di cibo, che convogliano quindi nell'apertura boccale grazie all'azione battente di numerose minuscole ciglia.

Tentacoli di colore bianco neve e struttura corporea brunastra di un pomodoro di mare

Caryophyllia smithi con i tentacoli allargati

Scheletro calcareo di *Caryophyllia smithi* morto da tempo

TENTACOLI DALLA PUNTA ROSA

Il colore degli esemplari appartenenti alla sp. *Anemonia viridis* può spaziare dal grigio, con delicate sfumature rosa, al verde chiaro sfumato di verde scuro. I tentacoli, dai vistosi apici rosa, non vengono mai ritirati, nemmeno quando l'animale si trova all'asciutto.

CORALLO VIVENTE

I coralli sono piuttosto simili alle attinie (entrambi sono celenterati). Questo corallo, appartenente alla sp. *Caryophyllia smithi*, vive isolato, contrariamente alla maggior parte dei suoi parenti tropicali che danno addirittura origine alle celeberrime barriere coralline.

L'ATTINIA PIÙ GRANDE

Le attinie più grandi possono crescere sino a raggiungere il diametro di oltre un metro. Questo gigantesco anemone di mare verde vive nei mari tropicali.

Il corpo verrucoso di questa *Bunodactis verrucosa* è agevolmente osservabile in questo individuo con i tentacoli ritirati

Vista laterale di un corallo ormai morto, appartenente alla specie *Caryophyllia smithi*

Filamenti provvisti di cellule urticanti

MINUSCOLI FANTASMI

Esistono molte differenti specie di minuscole attinie; queste, appartenenti al gen. *Epizoanthus*, come microscopici fantasmi vanno a ricoprire alcuni tratti del litorale roccioso.

Resti di incrostazioni di balani

FILAMENTI URTICANTI

La variopinta *Sargartia elegans* (qui nella sottospecie *rosea*) è una delle numerose specie di attinie che possono estroflettere, dalla bocca oppure da apposite fenditure disseminate sul corpo, filamenti provvisti di cellule urticanti che servono egregiamente tanto a difendere l'animale dai predatori quanto a catturare le prede. Questi tentacoli fanno anatomicamente parte dell'intestino dell'attinia!

Resti calcificati di un verme policheta

NEL FANGO O SULLA ROCCIA

I vermi appartenenti alla famiglia dei Sabellidi vivono all'interno di tubicini protettivi calcificati. Molte specie vivono immerse nel fango, mentre altre aderiscono saldamente alla roccia, come questa. Guardando a sinistra, riuscite ad individuare un altro piccolo sabellide nell'angolo opposto di questa pietra?

KRAKEN IL MOSTRO
Kraken, un mostro marino delle leggende norvegesi, era solito affondare i velieri con gli interi equipaggi. Come spesso capita, queste leggende si basano su alcuni elementi reali: il mostro che ne è protagonista presenta più di qualche analogia con i calamari giganti, animali appartenenti ai Molluschi Cefalopodi. La letteratura riporta casi di calamari giganti dell'Oceano Atlantico lunghi, tentacoli compresi, ben 15 metri e pesanti due tonnellate; i resti di questi giganteschi animali vengono talvolta rinvenuti sui litorali oceanici.

Aculei e tentacoli

Gli animali appartenenti al *phylum* dei Celenterati (meduse, attinie e coralli) vengono considerati gli 'urticanti' del litorale. Questi semplici organismi sono privi tanto di cervello quanto di sofisticati organi di senso, quali occhi ed orecchie. Sono incapaci di muoversi con un minimo di rapidità e non possono quindi fuggire davanti all'attacco dei predatori. La loro sola possibilità di difesa, ed anche di attacco, consiste nelle minuscole cellule urticanti possedute dai tentacoli. All'interno di ogni cellula urticante si trova una particolare capsula, denominata nematocisti, che contiene a sua volta un lungo filamento attorcigliato. In alcune specie questi filamenti sono anche provvisti di dentelli, mentre in altre contengono semplicemente sostanze velenose. Stimolata da un contatto oppure dalla presenza di particolari sostanze chimiche, la cellula urticante estroflette istantaneamente il filamento; quando la dentellatura di quest'ultimo entra in contatto con la preda o con l'aggressore, il veleno viene profondamente iniettato. Se si tratta di una preda, l'animale la trascina quindi all'interno del suo corpo, dove si trova l'apparato digerente. Alcune specie di meduse e di sifonofori sono dotate di sostanze tossiche eccezionalmente potenti, in grado di provocare sensazioni dolorose di notevole entità all'incauto bagnante che entri in contatto con i tentacoli; le nematocisti rimangono attive per qualche tempo anche dopo che l'animale è deceduto. Il più noto di questi micidiali organismi è senz'altro la caravella portoghese (*Physalia physalis*), comune in tutti i mari tropicali ma solo occasionale nel Mediterraneo. I suoi tentacoli sono lunghi diversi metri: i bagnanti possono quindi venire urticati senza nemmeno riuscire a vedere l'animale. Alcune meduse delle acque tropicali possiedono tentacoli lunghi oltre 10 m; le loro sostanze tossiche si rivelano letali per gli stessi esseri umani.

GAMBERI A PRANZO
Questa attinia *Anemonia viridis* ha catturato il gambero *Leander serratus* ed è intenta a trasferirselo nella cavità boccale. Le cellule urticanti dentate poste sui tentacoli contribuiscono ad immobilizzare la preda, paralizzandola. Infine il gambero giunge nello stomaco dell'attinia, dove viene rapidamente digerito ed assimilato.

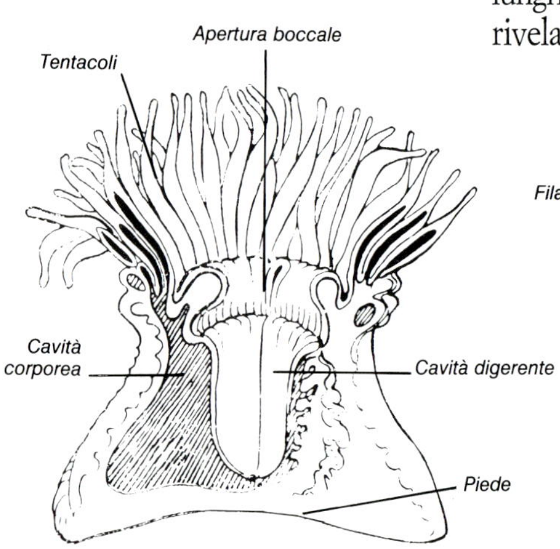

DENTRO UN'ATTINIA
Le attinie, o anemoni di mare, e gli altri celenterati sono animali dalla struttura estremamente semplice. Un anello di tentacoli circonda l'apertura boccale che conduce alla cavità digerente posta all'interno del corpo. Le prede vengono introdotte nel sacco gastrico, digerite ed assimilate; gli eventuali resti indigeriti vengono espulsi attraverso l'apertura boccale.

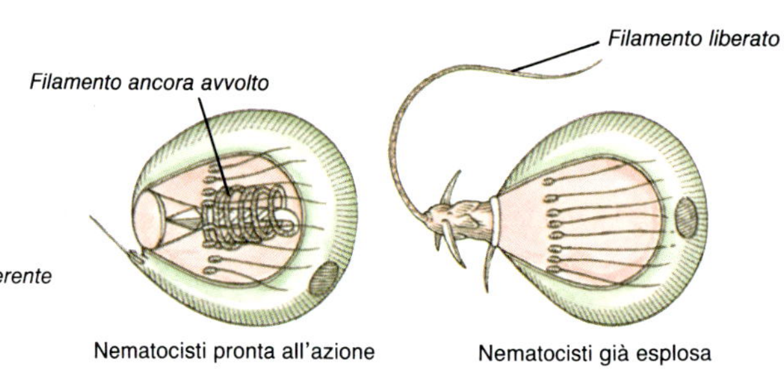

IL FILAMENTO URTICANTE
Servendosi di un microscopio è possibile osservare dettagliatamente le minuscole strutture contenenti i filamenti urticanti disposte sui tentacoli dei Celenterati. Non appena la cellula urticante viene stimolata da un contatto, oppure dalla presenza di particolari sostanze chimiche, la pressione del fluido interno aumenta istantaneamente determinando l'espulsione del filamento urticante. Alcuni filamenti sono provvisti anche di denti; altri contengono semplicemente sostanze velenose.

CELLULE URTICANTI MICROSCOPICHE
Gli Idroidi, come questa *Obelia*, sono animali simili a minuscole attinie. Crescono riuniti in colonie e danno origine ad un fitto rivestimento peloso sulle alghe, sulle rocce sommerse e sul legno. Ciascun individuo possiede un peduncolo, sottile all'incirca quanto un filo di cotone.

Le stelle marine

Su qualsiasi litorale si possono osservare, almeno in qualche angolo, le celeberrime stelle marine, e probabilmente anche qualche loro parente prossimo, come le ofiure o stelle serpentine, i ricci di mare e le oloturie o cetrioli di mare. Tutte queste creature appartengono al *phylum* degli Echinodermi (che significa 'provvisti di pelle spinosa'), antico di 500 milioni di anni. Le stelle marine sono invece provviste di un robusto scheletro esterno (esoscheletro) composto da resistenti placche cornee embricate, disposte appena sotto la robusta epidermide. Nonostante sulla Terra esistano oltre 6000 specie di Echinodermi — 2000 di più di quante appartengono alla classe dei Mammiferi —, sono relativamente pochi coloro che sanno della loro esistenza: ciò a causa del fatto che si tratta di abitatori del fondo marino. Questi animali possiedono una struttura corporea che può apparire piuttosto 'strana', costituita com'è da braccia distribuite a raggiera attorno ad un 'disco' centrale. Le stelle marine non possiedono né capo né coda: quando si muovono sul fondo, seguendo la marea calante oppure in cerca di un fresco anfratto protetto dai raggi del sole, ogni braccio si muove indipendentemente dagli altri.

IN PIENA LUCE
I raggi del sole che colpiscono la superficie di una pozza rocciosa litoranea illuminano come riflettori le eleganti stelle marine. In alto a destra si può notare una oloturia o cetriolo di mare. In questi parenti delle stelle marine la bocca, posta all'estremità ventrale, è circondata da tentacoli assai variabili per numero e forma.

Gli apici delle braccia, sensibili alla luce, vengono tenuti sollevati per 'studiare' il percorso

Marthasterias glacialis

Ofiura

MOVIMENTI SERPENTIFORMI
Le ofiure o stelle serpentine muovono le loro fragili braccia come se fossero serpenti, riuscendo a scivolare assai velocemente nelle pozze rocciose litoranee. Le braccia di queste stelle sono effettivamente fragili e si rompono molto facilmente; per l'animale ciò non costituisce però un grande problema, in quanto le rigenera rapidamente.

DANNOSA PER I CORALLI
La stella marina *Acanthaster planci* si ciba di coralli. Di tanto in tanto il numero degli esemplari di questa specie cresce spropositatamente provocando gravi danni in zone quali la Grande Barriera Corallina australiana. Non si è ancora appurato se si tratta di una proliferazione ciclica naturale oppure di uno dei tanti nefasti effetti dell'inquinamento marino.

RIGENERARE LE BRACCIA
Le stelle marine sono in grado di rigenerare le proprie braccia. Se una di esse viene infatti danneggiata da un sasso spostato da un'onda oppure malridotta da un predatore, viene subito autoamputata e sostituita da un'altra rigenerata. Sempre che il disco centrale sia rimasto pressoché intatto, da un unico braccio eventualmente superstite possono venire rigenerati tutti e quattro i mancanti.

Henricia oculata

ROSSO SCARLATTO
La stella marina *Henricia oculata*, che occasionalmente è possibile osservare sui litorali rocciosi, è caratterizzata da una colorazione rossa particolarmente accesa, dovuta alla presenza di pigmenti carotenoidi.

BIVALVI A PRANZO
La stella marina *Asterias rubens* si nutre di molluschi bivalvi. Questa stella avvolge il suo corpo attorno alla vittima prescelta, aggrappandovisi mediante i pedicelli ambulacrali, quindi gradualmente dischiude le due valve e vi introduce il proprio stomaco estroflettibile.

PROTETTA DA SPINE
Rigida e muscolosa, *Marthasterias glacialis* è una delle più grandi specie del litorale. Può raggiungere i 70 cm di diametro e sulla faccia inferiore possiede sino a 25 000 pedicelli protetti da spine. Questa stella marina si nutre di molluschi bivalvi.

Asterias rubens

ABBANDONATO ALL'ASCIUTTO

La maggior parte delle stelle marine vive nella parte più bassa del litorale oppure in acque più profonde. Questo esemplare, originario delle profondità marine, è stato trasportato sul litorale dalla forza delle maree; all'asciutto potrebbe non sopravvivere sino al ritorno dell'alta marea.

STELLINE AFFAMATE

Le piccole stelle marine appartenenti alla specie *Asterina gibbosa* non sono meno carnivore delle loro parenti più grandi: divorano infatti piccoli molluschi, ofiure e policheti.

VARI COLORI

Molte stelle marine possiedono colorazione arancione, mentre altre sono brune, rosse o anche color porpora. Le variazioni di colore sono piuttosto frequenti in questi animali.

Anseropoda placenta (a destra)

Crossaster papposus (sotto)

BRACCIA PALMATE

Nonostante il suo aspetto faccia pensare ad un innocuo cerotto pentagonale, la stella marina *Anseropoda placenta* (*estrema destra*) è un attivo predatore di crostacei, molluschi ed altre stelle marine, dei quali si nutre.

UN SOLE A 12 RAGGI

Questa stella marina *Crossaster papposus* (*a destra*) possiede ben dodici braccia; gli esemplari appartenenti a questa specie possono avere da un minimo di 8 ad un massimo di 13 braccia. Allo stesso modo di *Anseropoda placenta*, questa stella marina si ciba di altri asteroidei, tra cui *Asterias rubens*.

Scavatori e costruttori

FORI NEL CALCARE
I ricci di mare *Paracentrotus lividus* hanno scavato una grande quantità di fori in questo tratto di litorale calcareo a The Burren, nell'Irlanda sudoccidentale. Nei fori non più occupati dai molluschi vanno spesso a depositarsi ciottoli vorticosamente spinti dalle onde; i loro violenti urti con le pareti delle cavità contribuiscono ad accelerare la corrosione della scogliera. Anche i ricci di mare ed i molluschi perforatori danno in questo modo un importante contributo alla modificazione del litorale.

Lungo le coste della California nel 1920 vennero posate palafitte e travi d'acciaio quali frangiflutti marini. Vent'anni dopo l'acciaio, spesso un centimetro, risultava già crivellato di fori. Il colpevole risultò essere l'*Arbacia punctulata*. Questo animale, come del resto molti altri tra quelli che vivono lungo il litorale, cerca rifugio da onde, raggi del sole, freddo e predatori scavandosi delle tane nei materiali che compongono il litorale stesso. Tanto sabbia e fango, agevoli da rimuovere, quanto la solida roccia ospitano numerosi scavatori, quali foladi (gen. *Pholas*), *Hiatella* spp., datteri di mare ecc.
Gli animali scavatori, smantellatori e perforatori che vivono sui litorali rocciosi trascorrono la loro intera vita nella cavità che si sono faticosamente scavati. Tra questi vi è il *Pholas dactylus*: consumando rapidamente lo strato superficiale della sua conchiglia trapanando, questo mollusco trasferisce il suo corpo molle e carnoso in un nuovo guscio, da lui stesso costruito con una sostanza calcarea particolarmente resistente. Sulla spiaggia capita abbastanza spesso di rinvenire frammenti di legno crivellati da lunghi fori del diametro di uno o due centimetri: si tratta di molluschi lamellibranchi appartenenti alla famiglia dei Teredinidi; questi molluschi non si nutrono in realtà del legno, ma delle particelle alimentari che si liberano durante lo scavo.

Datteri di mare nel calcare

DISSOLVITORI DI PIETRE
Il dattero di mare (*Lithophaga lithophaga*), del Mar Mediterraneo, è uno dei numerosi molluschi che riescono ad insinuarsi nella solida roccia. Qui due piccoli esemplari hanno perforato una roccia calcarea; sull'esemplare più grande (*a sinistra*) sono chiaramente visibili i caratteristici anelli di crescita tipici di molte specie di bivalvi. Il dattero di mare perfora la roccia servendosi di particolari sostanze chimiche da esso stesso secrete, e non dell'abrasione di tipo fisico caratteristica ad esempio del *Pholas dactylus*. Il nome scientifico *Lithophaga* significa 'mangiatore di pietra'.

COSTRUIRSI UNA CASA
Numerosi policheti costruiscono attorno al proprio corpo particolari astucci tubiformi con funzione essenzialmente protettiva. Le specie del gen. *Terebella* (*a sinistra*) manipolano con i loro tentacoli minuscole particelle di materiali e le incollano servendosi di una secrezione corporea adesiva. Le specie del gen. *Serpula* (*al centro*) costruiscono astucci tubiformi a forma di tromba. I policheti Sabellidi (*a destra*) edificano astucci emergenti dalla sabbia nella zona più bassa del litorale.

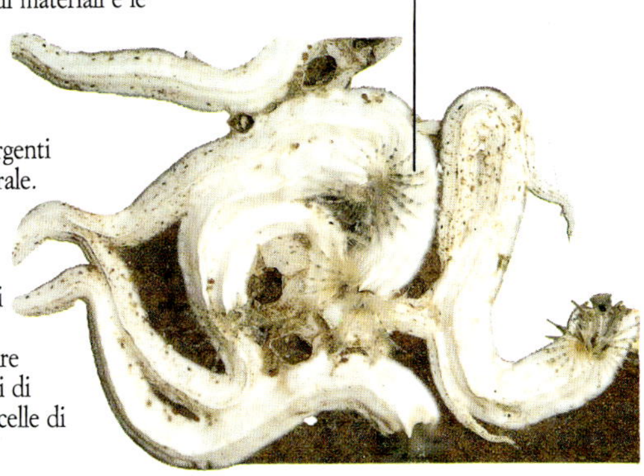

ASTUCCI TRIANGOLARI
Pomatoceros triqueter è un'altra specie marina di Policheti che costruisce astucci protettivi. Questi ultimi possiedono una caratteristica carenatura che ne fa apparire triangolare la sezione. I tentacoli piumosi di questa specie raccolgono minuscole particelle di cibo dall'acqua del mare.

Pholas dactylus

PRIGIONIERO NELLA SOLIDA ROCCIA
Le conchiglia del *Pholas dactylus* possiede una certa rassomiglianza con la punta fittamente costoluta di un trapano ad olio, e non senza ragione. Questo mollusco ruota e fa oscillare le due valve della sua conchiglia per perforare la roccia e realizzare un comodo buco nel quale rintanarsi. Due lunghi tubi, denominati sifoni, collegano il mollusco rinchiuso con il mondo esterno rappresentato dal mare. L'acqua marina viene risucchiata da uno dei due sifoni per rifornire l'animale di ossigeno e di cibo, mentre i rifiuti ed i detriti rocciosi vengono espulsi attraverso il secondo sifone.

TUNNEL NELLA ROCCIA

Numerose specie di ricci di mare sono in grado di realizzare poco profonde buche nella roccia, ed alcune possono scavare sino ad immergervisi completamente. *Paracentrotus lividus* muove le sue robuste e resistenti spine scavandosi lentamente una cavità nella roccia. Questo animale è anche in grado di triturare il materiale inerte con il suo potentissimo apparato boccale. Crescendo, e continuando a scavare, diviene incapace di uscire dal tunnel che si è costruito e finisce per dipendere dai suoi tentacoli per rifornirsi di cibo.

Ricci di mare al riparo in cavità poco profonde scavate nella roccia

RISIEDERE NELLA ROCCIA

Il riccio di mare nordamericano *Arbacia punctulata* vive nella parte più bassa del litorale e sui bassi fondali. Al di sopra del limite della bassa marea questo mollusco si scava nella roccia una 'tana' poco profonda.

Conchiglia di *Ostrea edulis*

UN ANIMALE PERFORATORE

La spugna *Clione celata* scava tunnel ramificati nel calcare e nel materiale di cui sono composte le più robuste conchiglie marine; dissolve questi materiali grazie a particolari secrezioni. Piccole parti della spugna sporgono sopra ciascun tunnel e producono a loro volta un grande foro attraverso il quale viene espulsa l'acqua già filtrata, e numerosi piccoli fori ricoperti da una sorta di minuscola grata attraverso i quali l'acqua da filtrare viene introdotta (pag. 19).

Corazze resistenti

Tra le più curiose creature del litorale vanno senz'altro compresi i granchi, i gamberi e le aragoste. Sono tutti membri della classe dei Crostacei, assai varia e numerosa. Questi animali affollano il mare nello stesso modo in cui gli insetti affollano la terraferma. Tanto i Crostacei quanto gli Insetti appartengono al *phylum* degli Artropodi (animali con arti articolati). I Crostacei possiedono per l'appunto zampe composte da segmenti tra loro articolati (sino a 17 paia!), due paia di antenne, ed una resistente corazza o carapace che racchiude e protegge gran parte del corpo. Le specie comprese nei Crostacei possono presentare tra di loro differenze morfologiche veramente enormi. Si va dalle microscopiche creature che costituiscono la maggior parte del plancton fluttuante (la 'zuppa' che nutre una grande quantità di grossi animali che vivono filtrando l'acqua di mare) agli enormi granchi che possono misurare tre metri e mezzo tra chela e chela. Alcuni dei membri più sorprendenti della classe dei Crostacei sono i balani, appartenenti alla sottoclasse dei Cirripedi. Questi animali iniziano la loro vita come minuscole larve che nuotano liberamente. In alcune specie queste larve si portano poi nei pressi del litorale, aderiscono alle sue pareti rocciose, producono delle placche resistenti attorno al proprio molle corpo e si servono di sei paia di arti piumosi per convogliare il cibo fluttuante nell'acqua all'interno della loro cavità boccale. I crostacei generalmente più familiari all'uomo sono comunque quelli appartenenti all'ordine dei Decapodi; alcuni di essi sono soliti frequentare anche il litorale: tra questi granchi, aragoste, gamberi, gamberetti e paguri. Decapodi significa 'dieci piedi', ed in effetti la maggior parte di queste creature possiede 10 arti principali. Di questi, 8 sono preposti alla deambulazione oppure al nuoto, mentre i primi due appaiono spesso trasformati in robuste e maneggevoli pinze dette chele.

GRANCHI PRELIBATI
Numerose specie di granchi vengono da tempo immemorabile catturate, cucinate e consumate dall'uomo. Le trappole per i granchi vengono innescate con carne in corso di putrefazione; una volta che il granchio è entrato nella nassa non è più in grado di uscirne. I granchi vengono cacciati anche dagli uccelli e dai mammiferi che frequentano il litorale, da pesci quali il branzino ed anche dai polpi.

Il combattivo granchio ripario (*Carcinus maenas*) vive alla foce dei fiumi, nelle acque dei porti e nelle lagune. È onnivoro nel senso più letterale del termine: se gli capita l'occasione divora anche i propri simili

UNA ZAMPA IN MENO
Questo granchio ripario ha perduto uno dei suoi arti. Il possente becco di un gabbiano reale, o magari una piccola roccia spostata da un'onda, gli ha staccato il primo arto ambulacrale destro. Incidenti simili a questo capitano piuttosto spesso ai crostacei che vivono sul litorale. Questo esemplare non appare comunque molto danneggiato dall'amputazione che ha subito; mostra infatti di poter assumere tutte le posture tipiche della specie: da quella di allarme a quella (*sotto*) di finto attacco, a quella successiva (*nell'angolo a destra*) di dietro-front ed inizio della ritirata.

TAPPETO ROSSO
In alcune zone delle isole Galápagos, al largo della costa ecuadoriana, i granchi della specie *Grapsus grapsus* incrostano letteralmente le rocce spruzzate dai frangenti dando vita ad una sorta di mobile tappeto rosso. Questa specie così vistosamente colorata possiede arti di colore rosso brillante e parti inferiori blu.

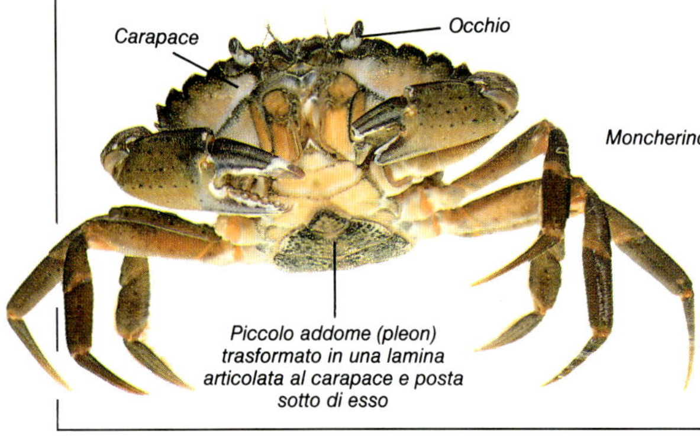

SOSTITUZIONI DI ARTI

I granchi e gli altri crostacei possono uscire da situazioni di grave pericolo autoamputando uno dei loro arti, rimasto intrappolato oppure irrecuperabilmente ferito. Esiste un particolare punto di separazione nei pressi della linea di saldatura tra corpo ed arti, caratterizzato dalla presenza di tessuti strutturati in modo da non essere soggetti ad emorragie. L'arto amputato viene successivamente sostituito da una nuova zampa che cresce per gradi in corrispondenza di ciascuna muta della corazza del granchio, che generalmente si compie una volta all'anno.

CARNE CORAZZATA

Il granchio commestibile *Cancer pagurus* può crescere sino a raggiungere il diametro di 25 cm ed il peso di oltre 5 kg. Le sue chele contengono la pregiata carne bianca, mentre il corpo è costituito da tessuti più scuri.

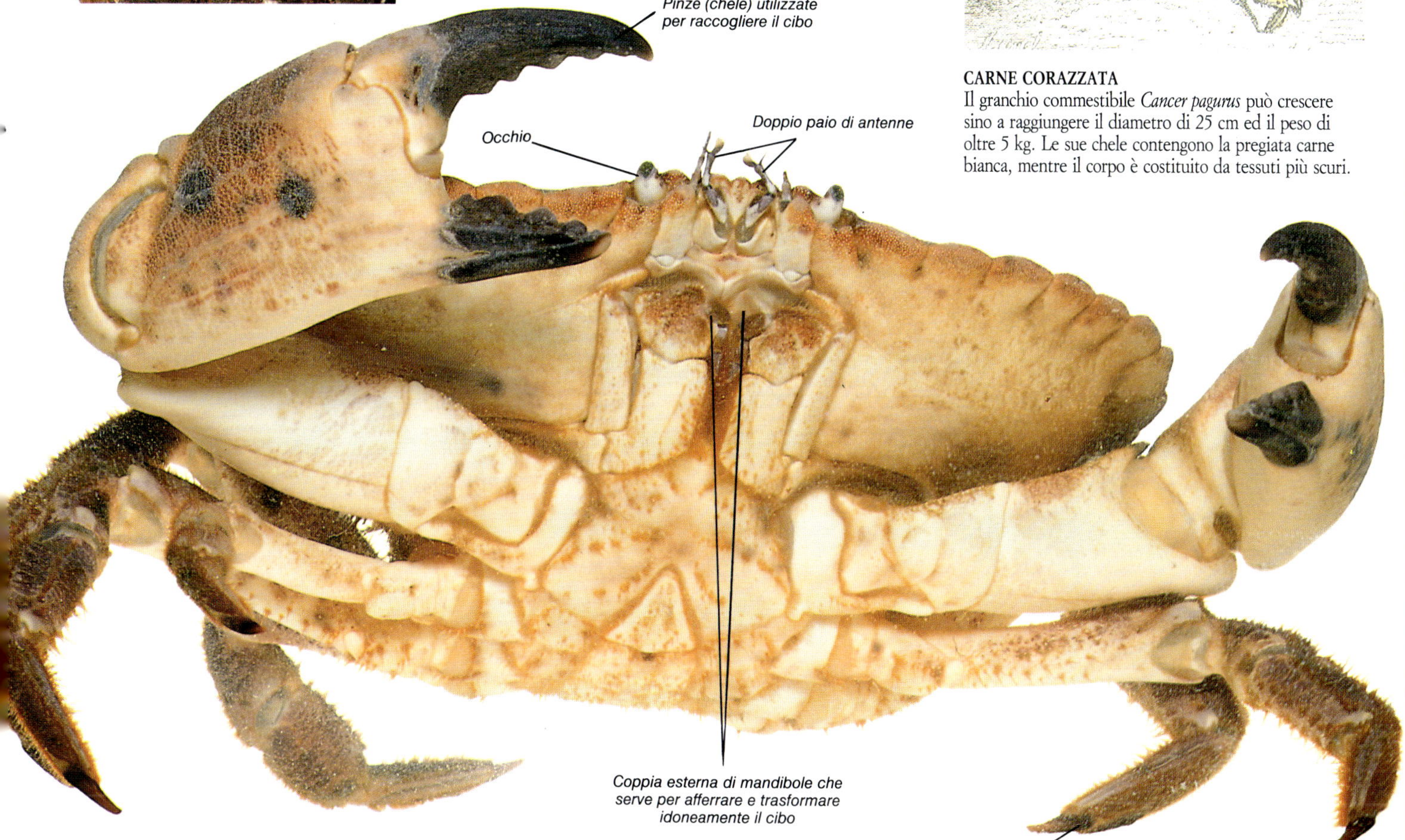

CHELE TUTTOFARE

Il *Cancer pagurus* è molto ben equipaggiato per la sua difesa personale, grazie al primo paio di arti principali trasformato in robuste pinze, denominate chele, che possono venire utilizzate anche per raccogliere e per lacerare il cibo. Le chele dei maschi sono, a parità di dimensioni corporee, generalmente più grandi di quelle delle femmine. Nonostante il loro potente armamento molti di questi apparentemente invincibili crostacei cadono vittime di polpi e piovre.

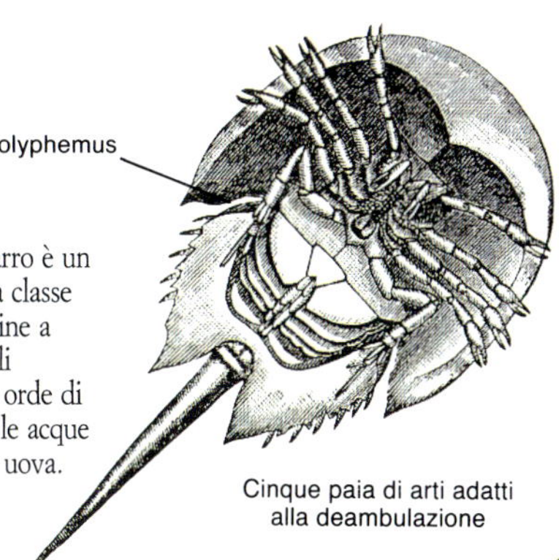

UNA STRANA CREATURA

Questo animale dall'aspetto così bizzarro è un *Limulus polyphemus*, appartenente alla classe dei Merostomi, un tempo ritenuta affine a quella dei Crostacei, ed all'ordine degli Xifosuri. Nell'America Settentrionale orde di questi animali invadono in primavera le acque costiere poco profonde per deporre le uova.

TUTTO CHELE E ARMATURA

Pur se generalmente vive nelle acque profonde, il gambero marino capita occasionalmente, abbandonato dalla bassa marea, in qualche pozza rocciosa litoranea. Come tutti gli altri crostacei anche questo animale possiede un caratteristico carapace duro e resistente. Sino a pochi anni fa, quando i gamberi marini europei catturati a scopo culinario erano ancora relativamente pochi, poteva capitare di rinvenire esemplari di enormi dimensioni, lunghi oltre un metro e pesanti fino a 6 kg. Dei più grandi gamberi marini americani sono conosciuti esemplari di ben 20 kg di peso; si ritiene che questi individui superino i 50 anni di età. I gamberi solitamente trascorrono il giorno nascosti in cavità e fessure della roccia, dalle quali emergono di notte per nutrirsi di prede morte o moribonde, che afferrano con la chela più robusta e dalle quali staccano piccoli pezzetti con l'altra chela.

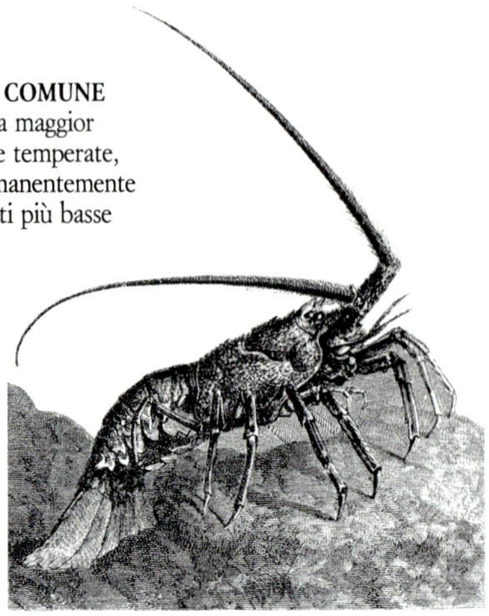

UN'ARAGOSTA MOLTO COMUNE

Palinurus elephas vive nella maggior parte delle regioni costiere temperate, nelle zone con acqua permanentemente poco profonda e nelle parti più basse del litorale.

ARAGOSTE IN MINIATURA

Le *Galathea squamifera* sono lunghe solamente cinque centimetri. Il loro corpo è appiattito per poter agevolmente penetrare in fessure e cavità. Quando vengono disturbate spiccano grandi balzi all'indietro ripiegandosi e facendo scattare l'addome.

Gambero marino

UN GRANCHIO ADATTABILE
Il granchio corallino (*Mithrax cornutus*) vive in numerosi habitat marini: frequenta infatti la costa rocciosa, le zone sabbiose ed anche le barriere coralline frequentate dalle spugne. È diffuso lungo le coste orientali dell'America Settentrionale.

LA COSTELLAZIONE DEL GRANCHIO
I primi astronomi, notato nel cielo dell'emisfero settentrionale un gruppo di stelle disposte in modo tale da ricordare la sagoma di un granchio, gli diedero il nome di 'costellazione del cancro' utilizzando il nome latino di questo crostaceo. Il cancro è anche il quarto segno dello zodiaco, che il Sole attraversa nel periodo compreso tra il 21 giugno ed il 22 luglio.

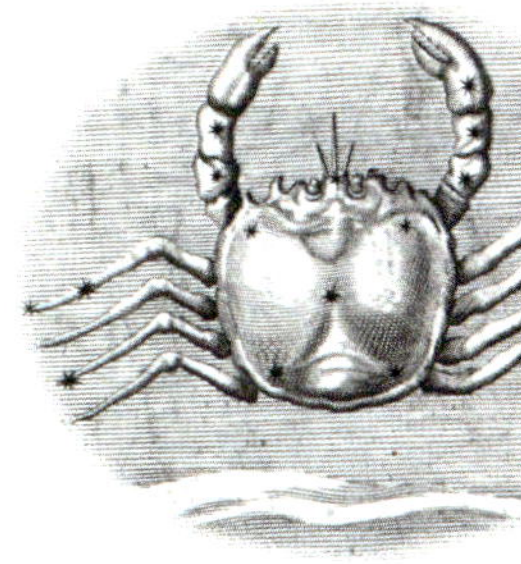

SPAZZINI DEL LITORALE
Molte specie di granchi si comportano da veri e propri spazzini. *Xanthro incisus* non rappresenta a questo proposito un'eccezione: raccoglie infatti dal letto del mare qualsiasi cosa possa rivelarsi commestibile. Questo granchio vive lungo le coste europee.

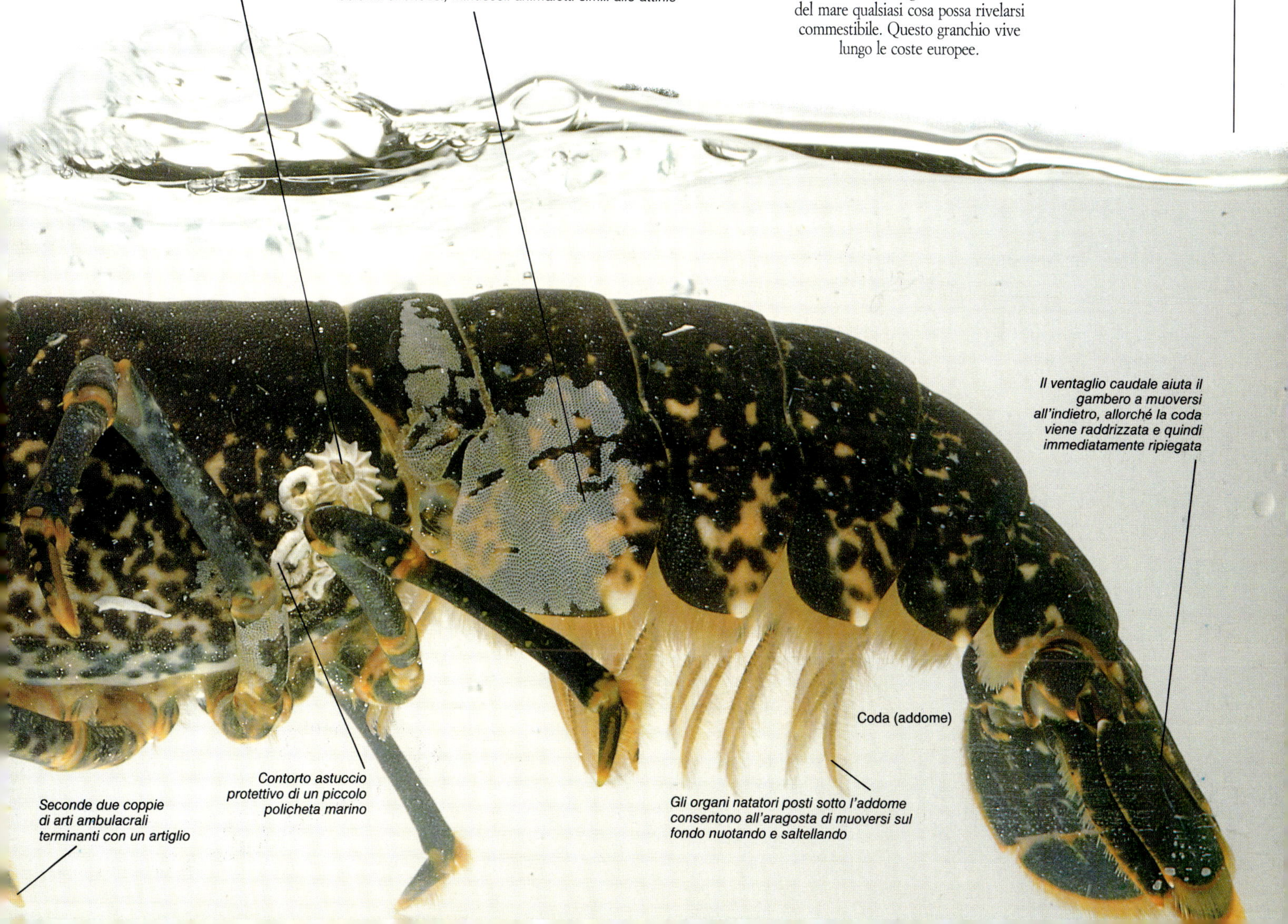

Strane collaborazioni

UNA CASA PER L'EREMITA
Il *Pagurus bernhardus* non possiede una sua conchiglia: deve quindi cercare una conchiglia di dimensioni idonee, il cui legittimo proprietario sia deceduto, per appropriarsene occupandola con il suo corpo molliccio ed assai vulnerabile. Spesso, quando il paguro troppo cresciuto si trova costretto a cercarsi una conchiglia più grande, provvede anche con molta cura a trasferirvi sopra le sue compagne attinie. Nelle regioni tropicali esistono anche specie terrestri di paguri; alcune di esse si installano in radici cave di mangrovie oppure in steli di bambù.

Nel mondo animale esistono numerosi tipi di relazioni interspecifiche. Un esempio particolarmente noto è quello di un animale che ne uccide un altro per cibarsene: la cosiddetta relazione predatore-preda. I rapporti interspecifici non sono comunque in natura sempre così netti e schematizzabili. Sul litorale, ed in tutti gli altri ambienti, differenti specie animali vivono regolarmente in stretto contatto. Tutto ciò non accade per caso, bensì per ragioni oltremodo concrete. I ricercatori hanno coniato diversi termini per definire questi rapporti relazionali. Nel parassitismo uno degli attori, il parassita, ci guadagna, mentre l'altro, l'ospite, ci rimette. Alcuni granchi del litorale fungono da ospiti nei confronti della *Sacculina*, uno strano animale imparentato con i balani. Questo animaletto, appartenente all'ordine dei Rizocefali, si attacca ad un giovane granchio e quindi produce dei tentacoli che si innestano nel suo corpo traendone nutrimento e bloccandone l'attività ormonale. Il granchio non può più mutare corazza; quest'ultima con il passare del tempo viene ricoperta da numerosi organismi marini che possono giungere a limitare notevolmente le possibilità di movimento del crostaceo. Un altro tipo di rapporto tra organismi viventi, nel quale entrambi gli attori traggono non indifferenti benefici, prende il nome di simbiosi. Il paguro *Pagurus bernhardus* e l'attinia *Calliactis parasitica* vivono in simbiosi tra di loro. Nonostante il suo nome specifico, la *Calliactis* non provoca alcun danno al suo ospite paguro: si nutre infatti delle sostanze scartate da quest'ultimo, il quale trova protezione negli urticanti tentacoli dell'attinia.

TRE IN UNO
Ognuno dei tre animali che compongono questo 'sodalizio' appartiene ad un differente gruppo sistematico. Il paguro è infatti un crostaceo (pag. 44), l'attinia un celenterato (pag. 36), mentre la conchiglia apparteneva ad una chiocciola di mare, mollusco gasteropode (pag. 26).

ACULEI NELLE CHELE
Questa *Lytia tesellata* ospita sulle sue chele minuscole attinie, che trasformano le già temibili pinze in micidiali 'bastoni chiodati'. Le chele vengono mostrate con intenti minacciosi a qualsiasi organismo che possa rappresentare un pericolo.

INGRESSO BEN DIFESO
In caso di pericolo il paguro *Pagurus bernhardus* si rintana profondamente all'interno della conchiglia. L'arto frontale destro, provvisto di una grande chela e generalmente assai più sviluppato del sinistro, viene tenuto di traverso all'ingresso della conchiglia e ne va a costituire una efficace 'porta'. In questo esemplare la chela 'da guardia' è scomparsa; potrebbe essere stata asportata da un predatore.

SPAZZARE LE ROCCE SOMMERSE
I tentacoli delle attinie tendono generalmente verso l'alto in cerca di prede flottanti o natanti. Questa *Calliactis parasitica*, posta sopra la conchiglia contenente un *Pagurus bernhardus*, tende invece a chinare i tentacoli verso il basso, per 'spazzolare' le rocce in cerca di particelle di cibo alzate dal paguro in movimento.

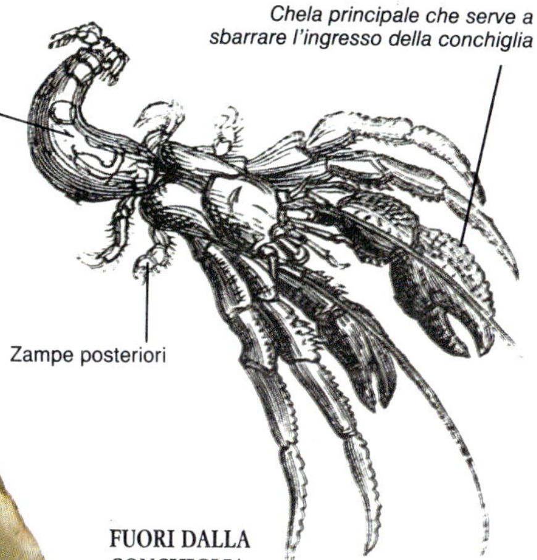

FUORI DALLA CONCHIGLIA
L'addome del *Pagurus bernhardus*, molliccio e ricurvo, diviene chiaramente visibile allorché l'animale esce dalla sua conchiglia. Con il trascorrere del tempo il paguro diviene troppo grande per la vecchia conchiglia, e deve quindi cercarsene un'altra, più grande. Le ultime due paia di zampe sono piccole ed adattate ad attaccarsi all'interno della conchiglia.

IL MOVIMENTO
Quando *Pagurus bernhardus* vaga sul fondo, il suo capo, le sue antenne e le prime due paia di zampe sono completamente esposti. Allo stesso modo dei suoi parenti granchi, anche il paguro è uno spazzino del mare: si nutre infatti dei resti di animali e piante morti o moribondi, in pratica di qualsiasi cosa commestibile gli capiti a portata di chela. Gli animali moribondi che vengono abbandonati dalla marea sul litorale vengono immediatamente ricoperti da orde di famelici granchi che strappano brandelli di carne.

CASA IN UN CONO
Non tutti i paguri vivono in conchiglie di gasteropodi. Questo *Aniculus strigatus* ha occupato la conchiglia di un *Conus*. I molluschi del gen. *Conus* sono diffusi nei mari tropicali; alcune specie sono estremamente velenose.

AL SICURO TRA I TENTACOLI
I pesci pagliaccio, del gen. *Amphiprion* (questi nella foto sono *A. frenatus*), vivono in mezzo ai tentacoli delle attinie. Secondo alcuni autori questi pesci possiedono particolari protezioni, localizzate nella loro epidermide, contro le sostanze urticanti contenute nei tentacoli; i meccanismi che consentono la tolleranza attinia-pesci pagliaccio devono ancora essere esaurientemente spiegati. Si ritiene comunque che entrambi gli organismi traggano consistenti vantaggi da questa associazione. Il pesce pagliaccio si trova al riparo dai predatori e da parte sua tiene lontani altri pesci che potrebbero danneggiare l'attinia. I pesci potrebbero inoltre cibarsi di parte delle prede catturate dall'attinia. Quest'ultima verrebbe a sua volta liberata dai resti alimentari non consumati.

Mimetizzazioni

PARTI INFERIORI CHIARE
I pesci piatti risultano assai ben mimetizzati se osservati dalla superficie dell'acqua. Le parti inferiori, appiattite contro il fondo, non necessitano di alcuna colorazione; in molte specie sono pertanto bianche, comunque, di colore pallido.

Un'occhiata casuale ad una pozza rocciosa litoranea può rilevare solo qualche accumulo di alghe marine e qualche mollusco bivalve apparentemente privo di vita. Ma provate ad osservare attentamente, mettendovi accovacciati, rimanendo immobili e cercando di non farvi notare. Uno scuro pezzo di roccia può improvvisamente scivolare in avanti: è un blennio che ha individuato una possibile preda. Una piccola zona sabbiosa, apparentemente uguale a tutte le altre, inizia a muoversi: è un gamberetto che ha sistemato le macchie e le linee disposte sul suo corpo in maniera tale da dissimularsi alla perfezione con il substrato. Una piccola pietra prende a muoversi: è un gasteropode che sta pascolando sulle alghe. Un pezzetto di fondo ghiaioso inizia ad incresparsi, e ne emergono due occhi: un pesce piatto (un pleuronettiforme) ha sospinto piccole pietre e frammenti di conchiglia sul suo dorso per scomporre la propria sagoma. Tutte queste creature si servono di tali particolari accorgimenti per mimetizzarsi.

Il comportamento ha però la medesima importanza della conformazione fisica per consentire all'animale una buona mimetizzazione. L'anguilliforme pesce ago (pag. 34) nuota solitamente in posizione eretta per confondersi con la vegetazione nastriforme delle alghe che popolano l'ambiente in cui vive.

ASSOMIGLIARE AD UN'ALGA
Questo pesce del gen. *Phyllopteryx*, diffuso nelle acque costiere dell'Australia Meridionale, appartiene alla famiglia dei Singnatidi. I caratteristici lobi epidermici sono perfettamente simili alle fronde delle alghe in mezzo alle quali questo pesce si nasconde.

RICCIO RICOPERTO
Numerose specie di riccio di mare raccolgono, servendosi dei loro pedicelli ambulacrali, piccoli ciottoli, conchiglie e frammenti di alghe che sistemano sul corpo spinoso. Un riccio ben ricoperto diviene assai difficile da notare. Questi sono esemplari appartenenti alla specie *Psammechinus miliaris*, diffusi nella parte più bassa del litorale e nelle acque vicine alla riva.

CAMBIAMENTI DI COLORE
Molti pesci piatti mutano colorazione a seconda del tipo di fondo sul quale vivono. Qualche minuto prima della realizzazione di questa foto questo pleuronettiforme *Limanda limanda* era di un color sabbia: posto sopra un fondo di ciottoli scuri, si è immediatamente scurito di diverse sfumature. I segni sulle parti superiori sono divenuti quasi neri. I *Limanda* più grandi possono superare i 40 cm di lunghezza.

PLATESSA NASCOSTA
La platessa o passera di mare (*Pleuronectes platessa*) è una vera campionessa in fatto di mimetizzazione: riesce a divenire pressoché invisibile sulla ghiaia multicolore. Nei primissimi anni di vita questo pesce vive in prossimità del litorale; in seguito migra nelle acque più profonde. Può raggiungere la lunghezza di oltre 60 cm.

DIVENTARE UN CIOTTOLO
Questo giovane *Cancer pagurus* si è mimetizzato in mezzo ad un gruppo di sassi di colore simile al suo e tenta ora di farsi ritenere un vero ciottolo rimanendo perfettamente immobile con le chele ripiegate sotto il corpo. Il margine dentellato del suo carapace ne tradisce comunque la presenza.

'PIETRE' MORTALI
Le acque poco profonde dei litorali dell'Oceano Pacifico possono rivelarsi una trappola mortale per i bagnanti incauti. Un pesce pietra del genere *Synanceja*, se calpestato, può improvvisamente ergere le micidiali spine del dorso. Il veleno di questo pesce può rivelarsi mortale.

IN AGGUATO TRA LE ROCCE
I piccoli pesci del litorale, ad esempio il gobide *Pomatoschistus pictus* (*a sinistra*) e questo blennio *Blennius ocellaris* (*a destra*), rimangono immobili sulle rocce per periodi anche molto lunghi, partendo di scatto per catturare una preda o per evitare un predatore. I gobidi nuotano a strappi grazie alla propulsione fornita da potenti colpi di pinna, mentre i blennidi nuotano serpeggiando.

La vita sugli scogli

Una colonia di uccelli marini nel periodo riproduttivo è senz'altro uno degli spettacoli più affascinanti che sia possibile osservare su una costa marina. Falesie, faraglioni, grandi scogli rocciosi ed isole sono accessibili solamente in volo e rappresentano per gli uccelli un ottimo luogo di nidificazione. In questi ambienti le covate sono al riparo da tutti i predatori terrestri, con l'eccezione dei più agili, quali ratti e serpenti; inoltre tra le onde si trovano racchiuse attraenti e ricche fonti di cibo. Lo spettacolo di oltre 50 000 sule che nidificano su di un'isola non lontana dal litorale è indimenticabile: si ha l'impressione di osservare una tormenta di grandi uccelli bianchi che vanno e vengono incessantemente turbinando tra le correnti aeree con aperture alari di 180 cm, che risalgono senza apparente sforzo le falesie dalle pareti verticali, che rigurgitano ai propri piccoli il pesce appena pescato, che stridono e che sferrano violenti colpi di becco a qualsiasi intruso, sula o altro animale che sia, che ardisca superare l'immaginario limite del minuscolo territorio difeso attorno alle uova o ai piccoli.

UN UOVO SULLA ROCCIA
La gazza marina (*Alca torda*) dell'emisfero settentrionale presenta una certa rassomiglianza con i pinguini, pure se, al contrario di questi ultimi, si dimostra una discreta volatrice. Sulle falesie rocciose le gazze marine danno origine a colonie riproduttive numerosissime. Ogni femmina depone un solo uovo.

ATTENZIONE
Tutte le uova qui riprodotte provengono dalla collezione di un importante museo (i colori sono leggermente sbiaditi). La raccolta e la collezione delle uova degli uccelli selvatici sono assolutamente vietate.

UOVA DENTRO LA TANA
Il polcinella di mare (*Fratercula arctica*) nidifica in tane. Questi uccelli si scavano direttamente delle tane nel terreno morbido oppure si servono di vecchi tunnel di berte minori (*Puffinus puffinus*) o di conigli selvatici. Le uova del polcinella di mare sono bianche: essendo nascoste in una cavità, non necessitano di mimetizzazione.

Un polcinella di mare in prossimità della tana sulla cima di una scogliera, in un disegno dell'ornitologo-artista britannico Archibald Thorburn

UNA FORMA ADATTA
Le uova dell'uria (*Uria aalge*) possiedono una forma appuntita, particolarmente adatta alla loro permanenza sulle sdrucciolevoli sporgenze rocciose. Questi uccelli non costruiscono infatti il nido: depongono direttamente sulla roccia le loro uova. Se queste ultime dovessero rotolare, perché spinte dal vento oppure urtate dai genitori, girerebbero in tondo senza rischiare di cadere dalla falesia.

Gabbiani reali, adulto e giovane, dipinti da Archibald Thorburn

TURBOLENTO ED AGGRESSIVO
Il gabbiano reale (*Larus argentatus*) è turbolento ed aggressivo. Le grida e gli strepiti provenienti dalle sue colonie sono assolutamente assordanti. La sua covata ordinaria si compone di tre uova.

FERTILIZZANTE DAL MARE

Il guano, sostanza derivata dall'accumulo, in particolari condizioni ambientali, degli escrementi prodotti da grandi colonie di uccelli marini, è assai ricco di nitrati, fosfati e sali di potassio. L'estrazione ed il commercio del guano ebbero, nel secolo scorso, grandissima importanza a livello mondiale. La maggior parte di questa sostanza proveniva dalle coste e dalle isole dell'America Meridionale e dell'Africa, e veniva trasportata via mare in Europa e Nordamerica per esservi utilizzata come fertilizzante.

ASCIUGARSI DOPO UN TUFFO

La specie più grande di cormorano tra le 24 esistenti sulla Terra è il cormorano comune *Phalacrocorax carbo*. Questo uccello è diffuso pressoché su tutto il globo; nuota e si tuffa in caccia di granchi, pesci ed altre simili prede acquatiche. Una volta uscito dall'acqua, per potersi asciugare si espone ad ali aperte ai raggi del sole. Questo perché i cormorani, essendo privi della ghiandola dell'uropigio, non hanno la possibilità di cospargersi il piumaggio con sostanze oleose idrorepellenti, come invece fanno tutti gli altri uccelli acquatici. I motivi di questa loro particolarità sono tuttora sconosciuti.

STRETTA COLLABORAZIONE

Molti cormorani nidificano in vicinanza del mare su falesie, speroni rocciosi e scogli in prossimità della linea di spruzzo. Entrambi i genitori collaborano nella costruzione del rudimentale nido utilizzando ramoscelli, alghe marine e qualsiasi altra sostanza di origine vegetale rinvenuta nelle vicinanze. Anche l'incubazione viene condotta a turno dai due genitori; le uova, da 3 a 5, schiudono dopo circa un mese di incubazione.

Cibo dal mare

I pesci sono creature sguscianti e scivolose. Molte delle specie animali che se ne nutrono hanno evoluto strutture boccali specializzate in grado di trattenere le nutrienti ma poco maneggevoli prede. I mammiferi piscivori, quali foche e delfini, sono provvisti a questo scopo di piccoli dentini assai appuntiti. Gli uccelli piscivori risultano generalmente equipaggiati di becchi lunghi e robusti, spesso a forma di lama; il becco dei cormorani e quello di molte specie di gabbiani possiedono la punta ricurva verso il basso, sempre allo scopo di ridurre la possibilità di fuga della preda. Il volo dei gabbiani costituisce uno spettacolo molto familiare lungo le coste dell'emisfero settentrionale. Questi uccelli pattugliano infatti incessantemente il litorale, in cerca di pesci rimasti intrappolati dalla bassa marea nelle pozze litoranee, di granchi e di conchiglie aperte. Come molti altri uccelli marini, durante la stagione riproduttiva anche i gabbiani si alimentano preferibilmente nei pressi della terraferma, mentre nella rimanente parte dell'anno si spingono più decisamente verso il mare aperto.

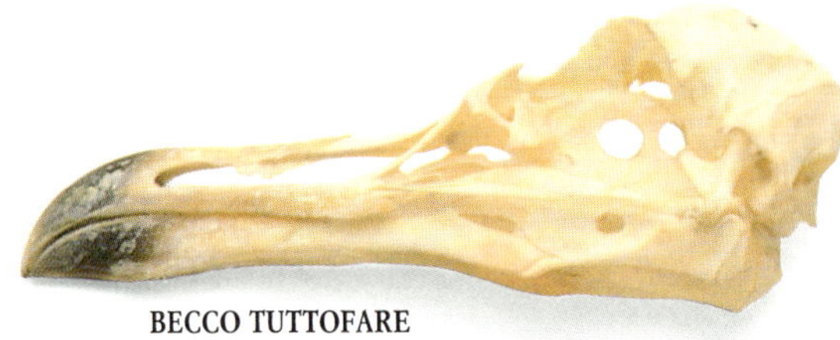

BECCO TUTTOFARE
Il gabbiano reale (*Larus argentatus*) possiede un becco molto grande, in grado di 'trattare' qualsiasi tipo di preda o di sostanza comunque commestibile, ivi compreso il contenuto delle discariche di immondizie.

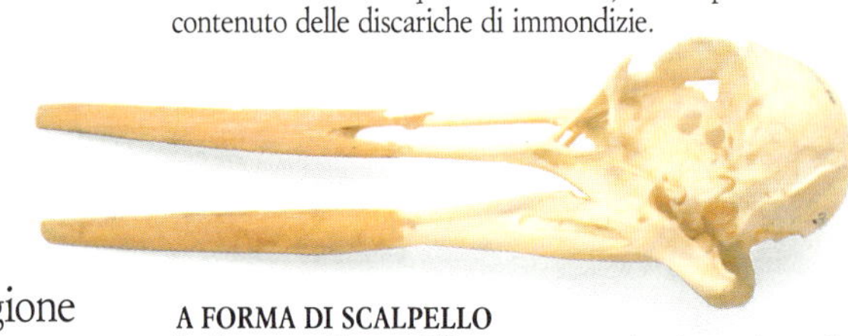

A FORMA DI SCALPELLO
Le beccacce di mare (*Haematopus ostralegus*) sono in grado di aprire con il becco, facendo leva tra le valve oppure fracassandole, le conchiglie di mitili, cardi, ostriche e di qualsiasi altro simile mollusco.

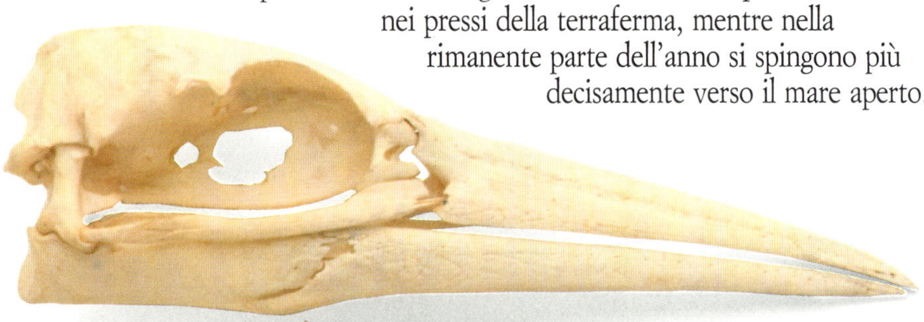

TRAFITTI DALL'ALTO
La sula (*Sula bassana*) si tuffa da notevoli altezze, anche 30 m, in caccia di sgombri, sardine, aringhe e di qualsiasi altro pesce di idonee dimensioni. Questi superbi uccelli si servono dei loro becchi anche per combattere i propri nemici e per rintuzzare i tentativi di invasione del proprio minuscolo territorio riproduttivo all'interno delle enormi colonie.

BECCO UNCINATO
Il fulmaro (*Fulmarus glacialis*) nidifica in gruppi sulle falesie e sulle piccole isole rocciose. Si nutre di pesci che vivono appena sotto il pelo dell'acqua. Anche il suo becco è caratteristicamente uncinato, e possiede inoltre due evidenti narici tubiformi localizzate sulle superfici laterali.

LAVORO PERICOLOSO
Gli uccelli marini e le loro uova venivano un tempo catturati o raccolte a scopo alimentare. Sull'isola di St. Kilda, al largo delle coste nordoccidentali della Scozia, questo tipo di attività è proseguito sino al 1940 circa. Gli uccelli venivano catturati in volo, con attrezzi simili a giganteschi acchiappafarfalle; uova e pulcini venivano raccolti a mano. Sule, fulmari, e varie specie di gazze marine erano le vittime principali di questa forma di caccia.

AIUTANTI PESCATORI
Da centinaia di anni le popolazioni costiere dell'Asia orientale pescano servendosi dei cormorani. Sul collo dell'uccello viene posto uno stretto collare (in modo che il cormorano possa catturare il pesce ma non mangiarlo), collegato con un lungo cavo che consente di riportare l'involontario collaboratore sull'imbarcazione. Oggi questo particolare tipo di pesca è divenuto soprattutto un'attrazione turistica.

UN BECCO PIENO DI PESCI
Dopo una sessione di tuffi, un bottino consistente in una decina di piccoli pesci (come questi della fotografia) non è inusuale per il polcinella di mare. Questo buffo uccello vive un po' ovunque sulle coste atlantiche settentrionali.

MIMETISMO IN VOLO
Si ritiene che la pallida colorazione delle parti ventrali dei gabbiani abbia la funzione di confondere la sagoma con il cielo o con le nuvole, rendendo meno evidente a pesci e granchi la incombente presenza dei temibili cacciatori. Questo è un giovane gabbiano reale, ancora provvisto del mimetico piumaggio screziato caratteristico delle fasi giovanili di sviluppo. Le parti inferiori degli esemplari adulti sono invece candide.

ADATTE AL NUOTO
L'uria (*Uria aalge*) possiede piedi relativamente grandi e forti, dotati di una robusta membrana interdigitale (piedi palmati). Le zampe sono situate molto indietro rispetto al corpo: l'uccello è quindi in grado di nuotare con particolare efficacia. Quando l'uria si sposta invece sulla terraferma, questa sua particolarità anatomica si rivela piuttosto penalizzante: più che camminare ondeggia, mantenendo una posizione eretta che ricorda quella dei pinguini.

PROPULSORI SUBACQUEI
I grandi piedi palmati della sula sono in grado di farla avanzare sott'acqua a velocità notevoli, all'inseguimento del pesce prescelto. Questo uccello si serve dei piedi palmati anche per ricoprire le uova durante l'incubazione.

Visitatori sul litorale

Di tanto in tanto può capitare la fortuna di riuscire ad osservare qualche grande visitatore del litorale. Le tartarughe marine approdano a terra per deporre le loro uova nella sabbia tiepida sotto la protezione delle tenebre. Sui litorali più tranquilli le foche prendono i loro bagni di sole, mentre i maschi lottano gli uni contro gli altri per guadagnarsi il diritto di accoppiarsi con un harem di femmine. Nell'Artico i trichechi si riuniscono in ammassi fumanti di vapore sulle gelide rocce, mentre le iguane marine brucano le alghe dei litorali rocciosi delle isole Galápagos, nei pressi dell'Equatore. Nell'Antartide i pinguini si riuniscono in colonie di milioni di esemplari per riposarsi e per riprodursi. La maggior parte dei visitatori delle coste vi capita solo accidentalmente, ed a volte per motivi inspiegabili: gli arenamenti di interi gruppi di balene hanno per molto tempo messo in crisi le certezze biologiche di numerosi ricercatori.

DISPENSA CON PINNE
La testuggine franca (*Chelonia mydas*), la sola vegetariana tra le sei specie di tartarughe marine, viaggia in continuazione attraverso gli oceani tropicali. Le femmine si spingono sulla terraferma solamente per deporvi le uova, cosa che fanno in cavità poco profonde scavate nella sabbia; tendono ad utilizzare le medesime spiagge anno dopo anno, facilitando in tal modo ai predatori la cattura dei piccoli appena emersi dalla sabbia oppure la distruzione delle uova appena deposte. Gli esemplari di questa specie possono raggiungere il metro di lunghezza ed i 180 kg di peso. In passato questo rettile veniva spietatamente cacciato per la sua carne, per il suo contenuto in olio, per la sua pelle e per il suo guscio. La testuggine franca è oggi ufficialmente inserita nell'elenco delle specie minacciate di estinzione, e conseguentemente protetta.

SOLE, MARE E SABBIA
Nel corso dell'ultimo secolo le spiagge marine sono divenute assai popolari presso una particolare specie di mammiferi. Com'è sua abitudine, la specie in questione ha enormemente modificato anche questo habitat. Oggigiorno le spiagge di tutto il mondo sono invase dai suoi gruppi familiari, mentre le acque vicine a riva risultano congestionate dai suoi colorati giocattoli, quali yachts e tavole da windsurf.

CALAMARO SPIAGGIATO
I calamari giganti, voraci predatori delle grandi profondità marine, vengono occasionalmente rinvenuti, morti e spesso parzialmente decomposti, sulle spiagge, trasportati dalle correnti. Gli esemplari così rinvenuti presentano spesso gravi ferite, probabili conseguenze di furibondi duelli abissali. I calamari giganti sono i più grandi tra tutti gli animali invertebrati (cioè privi di vertebre): possono raggiungere lunghezze totali superiori ai quindici metri e pesi di oltre due tonnellate.

LA LONTRA MARINA
La lontra marina vive al largo delle coste dell'Oceano Pacifico: raramente si spinge a riva, preferendo riposarsi sulle tranquille praterie di alghe galleggianti. Si nutre di ricci di mare, di crostacei e di molluschi, e si serve di una pietra come attrezzo per rompere le resistenti conchiglie delle sue prede. La lontra marina è la più grande delle 12 specie di lontre esistenti; alcuni esemplari possono giungere a pesare 45 kg. Questo magnifico mustelide, cacciato per la sua pregiata pelliccia, giunse all'inizio del secolo sul punto di estinguersi: fu salvata solamente grazie ad un trattato internazionale (uno dei primi in questo campo) stipulato nel 1911.

VITA SULLE ONDE DELL'OCEANO
I piccoli della *Phoca vitulina* (questo ha l'età di circa tre mesi) nascono sulla terraferma; immediatamente dopo il parto sono in grado di nuotare e di immergersi. Le foche sono solite trascinarsi fuori dall'acqua per fare bagni di sole allungate sulle rocce o sui banchi di sabbia, oppure per partorire. La *Phoca vitulina* vive nelle acque costiere del Pacifico settentrionale e dell'Atlantico del Nord. Recentemente una gravissima malattia virale ha ucciso molte migliaia di esemplari di questa specie viventi nel Mare del Nord.

Oggetti abbandonati dal mare

UN SERENO PASSATEMPO
La raccolta degli oggetti spiaggiati può rivelarsi assai remunerativa (nel senso non strettamente economico del termine): qualsiasi cosa può giungervi trasportata dal mare. In passato molte persone riuscivano a vivere raccogliendo e vendendo quanto di interessante — cibo ed oggetti vari — la marea abbandonava sul litorale di casa. Oggigiorno non tutte le zone costiere si dimostrano adatte a questo passatempo; molte di esse sono invase dalle immondizie prodotte dalla civiltà umana, mentre le acque vicine alla costa risultano spesso inquinate.

Due volte al giorno il livello dell'acqua lungo il litorale marino subisce notevoli modificazioni. La marea discendente abbandona una grande quantità di detriti sulla spiaggia rimasta asciutta; questa particolare fascia di arenile viene talvolta definita 'zona di spiaggiamento', e si presenta assai ricca degli oggetti e dei materiali più vari. Tutta questa massa di reperti contiene un vero e proprio tesoro di informazioni per il naturalista attento. Conchiglie, frammenti di alghe, penne e pezzi di legno giacciono ammassati alla rinfusa, ciascuno con una sua storia da raccontare, o meglio da interpretare. Pietre, conchiglie e legno appaiono molto spesso levigati e scolpiti dal mare, che li ha fatti a lungo rotolare avanti e indietro sulla battigia sassosa o che li ha mandati a fracassarsi contro le rocce affioranti. Le alghe marine strappate dai fondali vengono trasportate lontano dalle correnti e quindi abbandonate più o meno decomposte o alterate. Le grandi correnti oceaniche come la Corrente del Golfo possono trasportare i più diversi oggetti galleggianti per migliaia di chilometri ed abbandonarli quindi su spiagge lontanissime da quelle di origine. Alcune piante si servono del mare per disperdere i propri semi: la palma da cocco ne costituisce l'esempio più famoso. Il frutto di questa pianta, la grande noce di cocco, matura dentro un guscio ancora più grande, composto da una grigiastra fibra cordiforme (che commercialmente prende il nome di 'coir' e che viene utilizzata per produrre ruvide stuoie, cordami e cavi), rivestita a sua volta da un'epidermide brunastra e coriacea. Questa complessa struttura fa della noce di cocco un perfetto galleggiante; quando una palma situata in vicinanza della riva ne lascia cadere una nell'oceano, ha inizio un lungo viaggio. La noce diviene preda delle correnti che la trasportano fin nei luoghi più lontani; se ha la fortuna di finire su una spiaggia sabbiosa il suo seme può germinare e dar origine ad una nuova pianta. Grazie a questo interessante sistema di disseminazione la palma da cocco ha potuto colonizzare i litorali di quasi tutte le regioni tropicali della Terra.

CIBO GRATUITO
Molte alghe marine vengono raccolte a scopo alimentre, tanto umano quanto zootecnico, oppure per venire utilizzate quali fertilizzanti organici. Le alghe come il *Mastocarpus stellatus* sono assai ricche di elementi minerali. Per alcune popolazioni costiere queste piante rappresentano un'ottima fonte di microelementi di cui il corpo umano necessita pur se in quantità molto piccole. In campo medico è stato recentemente dimostrato che l'estratto gelatinoso di alcune specie algali, utilizzato come imbottitura rinfrescante nella fasciatura delle ustioni, possiede efficacia terapeutica.

AEROCISTI DI ALGHE
L'alga *Ascophyllum nodosum* cresce in grandi masse lungo i litorali rocciosi più riparati. Essiccando assume una scura colorazione verde-nerastra. Quest'alga possiede grosse vescicole aerifere (aerocisti), che le consentono di galleggiare flottando al livello dell'alta marea.

Incisione del periodo vittoriano intitolata 'Oggetti comuni abbandonati dal mare...

SIMILI A MANI
Filtri viventi e gemme del mare sono comunemente denominate un grande numero rispettivamente di spugne e di coralli. Questi primitivi animaletti vivono generalmente lontano dal litorale; solo i loro scheletri più o meno alterati vengono di tanto in tanto gettati sulla spiaggia. Numerosi piccoli animaletti ed anche pesciolini trovano spesso un comodo nascondiglio negli spugnosi resti galleggianti.

FATTE E DISFATTE

Pur essendo piuttosto resistenti, le conchiglie non sono in grado di competere con l'irrequieta forza delle onde. Gradatamente vengono levigate e consumate, e le sostanze che le compongono ritornano nell'acqua marina dalla quale provenivano.

NELLA SABBIA O NEL FANGO

I bivalvi della sp. *Cardium echinatum* possono venire frequentemente osservati in gruppi numerosi nella sabbia o nel fango.

'FINESTRA' NELLA CONCHIGLIA

Nella grande conchiglia di questo grande *Buccinum undatum* si è prodotta una vera e propria finestra che mostra la struttura interna a spirale e la colonna centrale, denominata columella.

Conchiglie di *Nassarius reticulatus*

CONCHIGLIE EROSE

Diversi esemplari di *Nassarius reticulatus* a diversi stadi di erosione.

ESTIRPATO DAL LITORALE

Questo oggetto legnoso è un frammento del rizoma di una canna domestica *Arundo donax*. Questa canna è la più grande graminacea europea, e può raggiungere i 5 m di altezza. Viene spesso piantata quale frangivento nelle zone costiere del Mediterraneo. Viene anche utilizzata per realizzare bastoni da passeggio, cestini e canne da pesca.

LEVIGATI DAL MARE

Frammenti di ceramica, vetro ed altri materiali duri vengono levigati e lucidati dall'acqua e dalla sabbia. Soprattutto l'azione dei più minuscoli granelli di silice si rivela incredibilmente abrasiva.

UN'ALGA BRUNA ESSICCATA

Questa alga della sp. *Fucus serratus* si è essiccata rimanendo esposta all'aria. I minuscoli tubicini calcarei contorti sono stati costruiti da minuscoli policheti marini, morti già da molto tempo.

CONCHIGLIA A VENTAGLIO

Questa è la piatta valva superiore della conchiglia di un *Pecten maximus*. L'età di un esemplare in perfette condizioni di conservazione può essere stimata contando gli anelli di crescita della conchiglia. Questo caratteristico mollusco può vivere per oltre 15 anni.

Gli idroidi vivono spesso in piccoli gruppi; i loro tubicini calcarei si intrecciano sulle rocce sommerse

Scheletri di colonie di briozoi

Frammento di ardesia punteggiato dai minuscoli astucci di anellidi e dagli scheletri di colonie di briozoi

I RESTI DI UNA PATELLA

Anelli provenienti da conchiglie di patelle sono piuttosto comuni lungo i litorali. La parte superiore della valva della conchiglia potrebbe essere stata rotta dal colpo di becco di un uccello, oppure forata da un gasteropode predatore, oppure fracassata da un sasso.

Littorina obtusata (marrone)

Littorina obtusata (gialla)

Resti di conchiglie, levigati e scoloriti dal mare

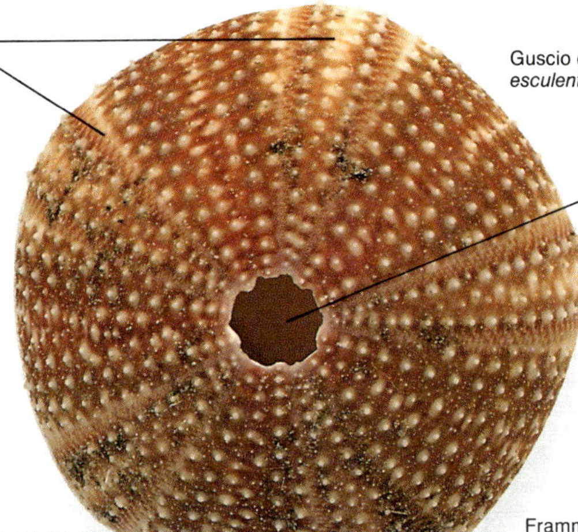

UN BUCO NEL SASSO
Questo ciottolo si è formato, milioni di anni fa, attorno al corpo di un animale le cui tracce si sono perse nella notte dei tempi.

FORI NELLO SCHELETRO GLOBOSO
Questo è lo scheletro, sferico ed assai resistente, di un riccio di mare (pag. 28), simile ad un tondo canestro vuoto. Quando il riccio era ancora vivo, i minuscoli bernoccoli portavano le spine, mentre dai forellini più piccoli uscivano i pedicelli ambulacrali; il foro più grande corrispondeva all'apertura anale del riccio. Sparite tutte le spine, la simmetria pentaraggiata di questo animale appare in tutta la sua evidenza. Ciò conferma le relazioni di parentela tra questo organismo e le stelle marine: entrambi appartengono alla classe degli Echinodermi. Per ricci sono state talvolta scambiate anche stelle marine le cui braccia venivano mantenute unite al di sopra del 'disco'. Tutti i principali organi del corpo sono alloggiati nello scheletro protettivo; tra questi sono comprese le gonadi, od organi riproduttivi, che in alcune parti del mondo vengono raccolte e consumate dall'uomo.

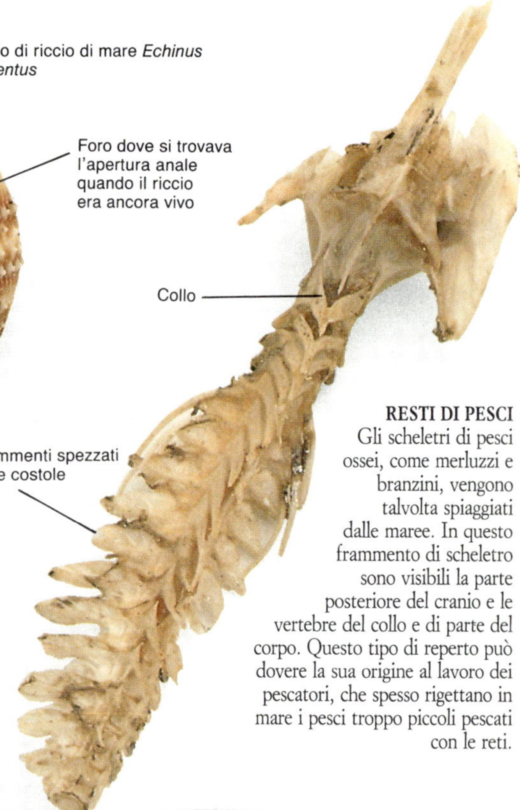

RESTI DI PESCI
Gli scheletri di pesci ossei, come merluzzi e branzini, vengono talvolta spiaggiati dalle maree. In questo frammento di scheletro sono visibili la parte posteriore del cranio e le vertebre del collo e di parte del corpo. Questo tipo di reperto può dovere la sua origine al lavoro dei pescatori, che spesso rigettano in mare i pesci troppo piccoli pescati con le reti.

Una colonia di gabbiani: un universo di rumore assordante, escrementi e penne

SCHELETRO IN DEMOLIZIONE
Questi resti in avanzato stato di decomposizione, appartenenti al granchio *Portunus puber*, si sono aperti lungo le linee di sutura rivelando la struttura interna. Gli organi principali sono contenuti nella parte centrale del corpo. Due grandi scomparti, uno su ciascun lato, ospitano le branchie, mediante le quali questo crostaceo assorbe l'ossigeno disciolto nell'acqua del mare.

RESTI DI UCCELLI
Le penne degli uccelli si trovano su pressoché tutti i litorali; sono talmente leggere da galleggiare come sughero e possono venire trasportate dal vento sin sulle spiagge. Alcune di queste penne provengono da esemplari deceduti, mentre molte altre sono state semplicemente abbandonate dagli uccelli durante la muta.

Penna maculata tipica di un giovane gabbiano

DALLA TERRA AL MARE
I coni dei pini e qualsiasi altro oggetto di legno o di materiale comunque sufficientemente leggero possono giungere sul litorale provenendo dalla terraferma, attraverso un viaggio più o meno lungo in ruscelli, torrenti e fiumi in direzione del mare.

Penna remigante di un gabbiano adulto

LA FORZA DEL VENTO
Un forte vento proveniente dal mare può migliorare le possibilità dei cercatori di oggetti spiaggiati, aumentando considerevolmente la quantità dei 'depositi'.

Giovane squalo spiaggiato, completamente essiccato

Lo squalo gattuccio

Il gattuccio minore (*Scyliorhinus canicula*) è un vero e proprio squalo. È comunque inoffensivo per l'uomo e può raggiungere lunghezze di 70-90 cm. Trascorre gran parte della sua vita presso il fondo, a 30-100 m di profondità; capita abbastanza spesso nelle reti a strascico dei pescatori. Si riproduce durante quasi tutto l'anno; nel tardo autunno, in inverno ed in primavera le femmine si portano nelle acque poco profonde in prossimità del litorale per deporre le loro uova in mezzo alle alghe sommerse.

FUORI DAL GUSCIO
I gattucci appena sgusciati dall'uovo sono lunghi circa 10 cm; generalmente portano ancora attaccata al corpo buona parte del sacco vitellino. Iniziano comunque immediatamente a cercarsi da soli il cibo. Una volta adulti questi squali cacciano sul fondo, soprattutto di notte, pesci e numerose specie di invertebrati.

SQUALI NELL'UOVO
I piccoli gattucci si sviluppano all'interno di caratteristiche capsule ovigere giallastre e trasparenti, nutriti dal sacco vitellino. Lo sviluppo embrionale ha durata piuttosto variabile, dipendendo parzialmente dalla temperatura dell'acqua; generalmente le uova si schiudono dopo 8-10 mesi.

FAGOTTI DI UOVA
Un altro dei reperti facilmente rinvenibili lungo i litorali è costituito dalle capsule ovigere di *Buccinum undatum*. Appena deposte vengono fissate alle rocce sommerse; al termine del periodo di incubazione dai gusci emergono i giovani, minuscoli ma identici agli adulti.

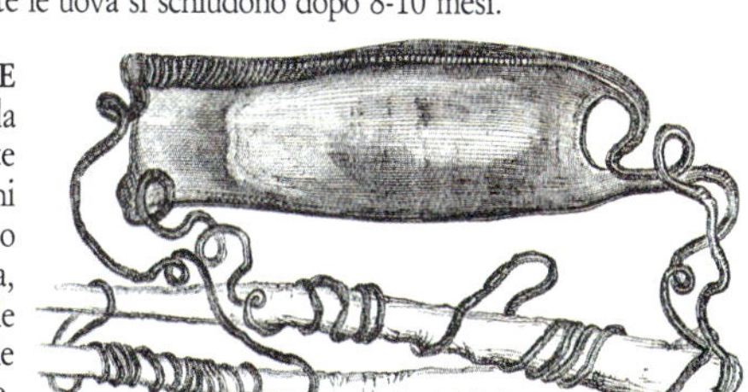

CAPSULE SPIAGGIATE
Le uova del gattuccio sono avvolte da una capsula giallognola e trasparente provvista su ciascun angolo di lunghi cirri; questi ultimi si avvolgono attorno alla fitta vegetazione sommersa, ancorando la capsula ovigera. Sulle spiagge capita di rinvenire le capsule dei gattucci vuote.

Conserviamo le nostre coste

L'uomo può godere delle coste marine in molte differenti maniere. I bambini amano sguazzare nelle piccole pozze, i surfisti cavalcare le onde, i naturalisti studiare le piante e gli animali, gli abitanti della zona raccogliere alghe e molluschi a scopo culinario; qualcuno, purtroppo troppo pochi, si limita ad ammirare la bellezza dei tratti rimasti intatti. Disgraziatamente gran parte delle nostre coste è stata danneggiata dalla sua stessa fama, oltre che dall'inquinamento delle acque. Sinora l'uomo ha trattato il mare alla stessa stregua di una pattumiera senza fondo, gettandovi dentro senza sosta acque luride, rifiuti chimici e detriti di ogni genere. Il mare ora presenta il conto: il suo stato di salute è visibilmente peggiorato, mentre le sue coste mostrano con estrema evidenza i misfatti perpetrati. L'intera umanità deve a tutti i costi impegnarsi a proteggere e curare il mare e le sue coste: ciò per il suo stesso futuro.

INDICATORI DI INQUINAMENTO
Alcune specie di alghe reagiscono con grande evidenza e rapidità alla presenza di agenti inquinanti; per questa loro caratteristica vengono definite 'indicatori ecologici'. I dati provenienti dalle raccolte di piante essiccate (erbari), confrontati con quelli ricavati dalle popolazioni vegetali litoranee oggi sotto controllo, aiutano i ricercatori a comprendere i mutamenti avvenuti nel tempo.

UNO SCAFANDRO PER STUDIARE
Le prime rilevazioni scientifiche sulla biologia delle acque basse permanenti furono iniziate attorno al 1930. I ricercatori si servivano di scafandri come questo. L'aria veniva fornita da due pompe fatte funzionare dalla spiaggia; ciascun casco conteneva un radiotelefono.

CONCHIGLIE IN PERICOLO
Le rilevazioni effettuate sui molluschi provvisti di conchiglia indicano che la consistenza numerica di numerose specie si è notevolmente ridotta rispetto al recente passato, a causa dell'inquinamento e dell'eccessiva raccolta.

SETACCIANDO LA SABBIA
Gamberetti, cardi eduli e numerosi altri organismi commestibili del litorale possono venire raccolti sulla battigia setacciando la sabbia umida con un robusto retino. Il bordo anteriore, di legno, viene fatto penetrare appena sotto la superficie dell'arenile; i granelli di sabbia passano agevolmente attraverso le maglie della rete, mentre gli oggetti più grandi vi rimangono intrappolati. La raccolta dei gamberetti era un tempo, oltre che un popolare passatempo, anche una remunerativa attività commerciale. Oggigiorno molti litorali risultano essere stati eccessivamente saccheggiati, mentre altri sono troppo inquinati o troppo disturbati dalle orde di vacanzieri per fornire una sufficiente quantità di gamberetti.

LENTE ANTICORROSIONE
La lente d'ingrandimento, indispensabile a qualsiasi naturalista, per poter essere utilizzata sul litorale deve essere provvista di manico e montatura realizzati con materiali resistenti alla corrosione.

INFORMARSI SULLE MAREE
Per programmare le proprie escursioni sul litorale è indispensabile conoscere orari e livelli delle maree. Esistono a questo proposito apposite 'tavole delle maree', che oltre ad indicare gli orari giornalieri delle alte e delle basse maree riportano anche le differenze di livello dell'acqua da queste determinate. Il momento migliore per esplorare il litorale è rappresentato dalla bassa marea sizigiale.

INFORMAZIONI GEOLOGICHE
Per uno studio scientifico accurato del litorale si rivela molto importante la consultazione di una carta geologica. I differenti tipi di roccia vi sono riportati con colorazioni diverse, mentre le linee orografiche sono identiche a quelle di qualsiasi altro supporto cartografico. Graniti, arenarie ed altre simili rocce dure originano litorali piuttosto stabili, mentre le rocce più 'tenere', quali gesso e calcare, vengono erose molto più rapidamente.

ISPIRAZIONE ARTISTICA
Molte persone sono affascinate dal mare, colpite dal suo potere di distruzione ed attratte dal suo perenne movimento e dai suoi improvvisi mutamenti di umore. Un grandissimo numero di artisti, ispirati dal mare, ha prodotto una quantità incredibile di disegni e dipinti con il litorale come soggetto: dalle tranquille scene di placidi pomeriggi estivi alle cupe e terrificanti tempeste invernali.

EQUIPAGGIAMENTO IMPERMEABILE
Le moderne macchine fotografiche a tenuta stagna ci consentono di registrare la natura senza danneggiarle. Una torcia impermeabile è un altro oggetto assai utile in una escursione subacquea. Molti degli animaletti litoranei piu grandi, quali granchi ed aragoste, sono soliti infatti nascondersi al fresco in cavità e fessure sulle pareti in ombra degli scogli. Vale sempre la pena di accendere la torcia prima di infilarvi una mano!

VITA MARINA IN PERICOLO
Non è possibile individuare ad occhio nudo la presenza nell'acqua del mare delle diverse sostanze chimiche che possono determinare la morte o consentire la vita alle creature marine. Appositi kit di analisi consentono di evidenziare l'eventuale presenza di sostanze, come i nitriti ed i nitrati, che indicano uno stato più o meno grave di inquinamento dell'acqua. Grandi quantità di fertilizzanti chimici azotati vanno a finire prima nei fiumi e poi nel mare, assieme al terreno eroso dalle piogge. L'idrometro serve a misurare la densità dell'acqua del mare, la quale fornisce a sua volta importanti indicazioni sulla sua concentrazione salina.

CENSIRE LA VITA DEL LITORALE
Un metodo per studiare la zonazione delle diverse forme di vita del litorale consiste nel tendere un pezzo di spago dal livello dell'alta marea al livello della bassa marea. Camminando lungo la corda, partendo dal punto più basso e risalendo verso la terraferma, si registrano quindi i tipi più comuni di alghe e di altri organismi presenti a ciascuna altezza. Non dimenticate, però, che dopo circa un'ora dal raggiungimento del livello minimo di bassa marea l'acqua inizia a risalire.

PER STACCARE LE PATELLE
Un coltellino può rivelarsi molto utile per staccare, sempre con estrema delicatezza per non danneggiarle, le patelle ed i gasteropodi dalle rocce alle quali aderiscono. Dopo averli osservati rimettete i molluschi nel punto in cui li avevate rinvenuti.

MODA DEL TEMPO ANDATO
Un costume da bagno alla moda del XIX secolo può apparire oggigiorno piuttosto bizzarro. Ma come verranno giudicati fra un secolo i nostri odierni costumi?

FUORI DAL LORO ELEMENTO
Trattenete le creature del litorale solo per il tempo strettamente indispensabile per poterle osservare. Si vengono a trovare fuori dal loro elemento: le conseguenze potrebbero essere irreparabili.